Renate Daniel
Nur Mut!

Renate Daniel

Nur Mut!

Die Kunst, schwierige Situationen zu meistern

Patmos Verlag

Für Jakob und Johanna

MIX
Papier aus verantwortungsvollen Quellen
FSC® C006701

Für die Schwabenverlag AG ist Nachhaltigkeit ein wichtiger Maßstab ihres Handelns. Wir achten daher auf den Einsatz umweltschonender Ressourcen und Materialien. Dieses Buch wurde auf FSC®-zertifiziertem Papier gedruckt. FSC (Forest Stewardship Council®) ist eine nicht staatliche, gemeinnützige Organisation, die sich für eine ökologische und sozial verantwortliche Nutzung der Wälder unserer Erde einsetzt.

Bibliografische Information der Deutschen Nationalbibliothek
Die Deutsche Nationalbibliothek verzeichnet diese Publikation in der Deutschen Nationalbibliografie; detaillierte bibliografische Daten sind im Internet über http://dnb.d-nb.de abrufbar.

www.patmos.de

Druck: CPI – Ebner & Spiegel, Ulm
Hergestellt in Deutschland
ISBN 978-3-8436-0021-7

Inhalt

Von der Sehnsucht, endlich mutiger zu leben

Bevor Sie mit dem Lesen beginnen, schlage ich Ihnen eine kurze Übung vor. Konzentrieren Sie sich auf den Begriff Mut:

Welche Gefühle weckt das Wort Mut in Ihnen?
Wie wichtig ist Ihnen Mut? Warum?

Die vor fast hundert Jahren errichtete Rheinbrücke, die den badischen und den schweizerischen Teil von Laufenburg miteinander verbindet, ist schon immer ein beliebter Treffpunkt für Jugendliche gewesen. Hier kann man aus acht Metern Höhe ins Wasser springen, was aufgrund der Strömung und des nahe gelegenen Kraftwerks nicht ungefährlich ist. Die Jugendlichen sind sich einig: Schwimmbäder sind viel langweiliger als dieses Badevergnügen an der Brücke. Hier fühlen sie sich herausgefordert, können sich beweisen und ihre Grenzen austesten. Jeder Sprung ist ein kleines Abenteuer.

Solche Mutproben sind lebensnotwendig und lassen sich nicht umgehen, meinte bereits Erich Kästner. Erst wenn man sich selbst überwindet – so Kästner –, spürt man die Kraft, die in einem steckt, und dann ist alles Übrige eine Kleinigkeit.[1] Derartige Mutproben wirken spielerisch und lustvoll, sind aber eine ernste Angelegenheit, weil ein echtes Risiko besteht. Verletzungen und sogar Ertrinken sind möglich. Die Jugendlichen springen ohne Sicherheitsnetz – sie sind der wirklichen Lebens-Gefahr ausgesetzt.

Auch viele Erwachsene wissen, was auf dem Spiel steht, wenn zu risikoreich gepokert und auf Rettungsschirme verzichtet wird, allzu leicht können die Folgen verheerend sein. »Braucht es derzeit nicht vor allem Sicherheit anstatt Mut und Risiko?«, fragen Menschen, die sich wirtschaftlichen, ökologischen oder politischen Bedingungen ohnmächtig ausgeliefert fühlen und von Arbeitslosigkeit oder sozialem Abstieg bedroht sind. Und neben materieller Unsicherheit müssen viele hinnehmen, wie ihre Beziehungen häufiger und schneller in die Brüche gehen oder sie durch Krankheiten, Sinnkrisen, das Älterwerden aus der Bahn geworfen werden.

Vor diesem Hintergrund sehnen wir uns verständlicherweise nach mehr Stabilität und gehen nicht gerne freiwillig zusätzliche Risiken ein. Aber die Situation ist paradox: Gerade weil uns bisherige Lebenskonzepte in eine Sackgasse geführt haben und die Herausforderungen gewaltig sind, ist es notwendig, mutig weitere Risiken einzugehen. Das entspricht dem homöopathischen Prinzip: Je unsicherer die Zeiten, desto mehr Unsicherheit muss gewagt werden. Wir befinden uns generell in einem Spannungsfeld zwischen dem Bedürfnis nach Sicherheit und dem Wunsch nach Veränderung. Sogar in unruhigen Zeiten kennen Menschen nicht nur die Sehnsucht nach Sicherheit, sondern auch die Sehnsucht nach Wandel. Die Hoffnung auf ein besseres, erfüllteres Leben nährt die Lust, belastende oder ausgetretene Pfade zu verlassen. Häufig fehlt aber das letzte Quäntchen Mut, um einen entscheidenden Schritt zu wagen – sei es im Beruf oder im Privatleben.

Mutiges Handeln scheint keine einfache Angelegenheit zu sein. Warum ist das so? Holen Sie sich einmal das Bild einer Balkenwaage mit zwei leeren Schalen vor Ihr inneres Auge. Jetzt bestücken Sie beide Seiten mit leicht unterschiedlichen Gewichten. Sofort bewegen sich beide Schalen, und nach einiger Zeit pendelt sich ein stabiler Zustand ein. Der Verlauf unseres Lebens hat Ähnlichkeit mit einer solchen Waage: die Hochs und Tiefs, das Auf und Ab sind vergleichbar mit Gewichten, die vom Schicksal, anderen Menschen oder uns selbst auf die Waage gelegt bzw. weggenommen werden. Manchmal ist unser Leben leicht, manchmal beschwert, zeitweise in Bewegung und gelegentlich ruhig ausbalanciert. Immer wenn wir mutig handeln, verschieben wir aktiv die Gewichte auf unserer Lebenswaage und das bewirkt Veränderung und Unruhe. Es ist nie vorhersehbar, was ein Wagnis bringen wird. Fest steht nur, dass sich nach einem mutigen Schritt die Gewichte verlagern und sich einiges verändert, aber ob das Leben besser oder schlechter sein wird, kann niemand im Voraus sagen.

Wir wissen alle: Wer wagt, kann gewinnen, aber auch verlieren – sogar viel. Jedes Kind bringt eine mehr oder weniger große Portion Mut mit auf die Welt, damit es seine Neugier befriedigen und die Welt erobern kann. Manche Kinder stürmen frech und mutig ins Leben, während andere von klein an zurückhaltend und übervorsichtig reagieren. Doch alle Charakteranlagen können verkümmern oder durch Erfahrungen gefördert bzw. blockiert werden. Und wie bei sonstigen Begabungen – sei es für Mathematik, Musik oder Humor – gilt: Erst die Übung macht den Meister. Mut muss ausprobiert und erfahren werden. In der Theorie bringt er uns nicht weiter. Mutigsein ist ein lebenslanges Thema, weil bis zum Tod neue Aufgaben auf uns warten, denen wir uns mutig stellen müssen – das Sterben selbst mag die letzte von ihnen sein. Bis zum Tod hören wir nie auf, zu wachsen und zu reifen, und jeder Lebensabschnitt hält ganz spezifische Mutthemen und Mutproben bereit.

Dieses Buch ist für Menschen, die ihr Talent zum Mutigsein entfalten wollen. Indem Sie das Phänomen Mut genauer kennenlernen, Ihre Selbsterkenntnis und Kompetenzen vertiefen, werden Sie Ihre ganz persönliche Begabung zu mutigem Handeln fördern und gezielter einsetzen können. Sie schulen Ihre Fähigkeit, einen ganz auf Ihre Persönlichkeit zugeschnittenen Mut zu entdecken, damit Sie zu neuen Ufern aufbrechen können.

Mut braucht Entscheidung und Entschiedenheit

Risikoabwägung? Kopf und Herz müssen entscheiden!

Angenommen, Sie stehen vor zwei geschlossenen Türen, wissen nicht, was sich dahinter verbirgt, und sollen durch eine hindurchgehen. Was geht dann in Ihnen vor? Beschäftigen Sie sich zuerst gedanklich mit den verschiedenen Möglichkeiten, die auf Sie zukommen könnten, oder nehmen Sie sofort Ihr Gefühl wahr, beispielsweise einen erregenden Nervenkitzel oder Angst? Im ersten Fall werden Sie versuchen, alle Informationen und Ideen klar und logisch zu gewichten, um dann eine rational begründete Entscheidung zu fällen. Wenn sich dagegen gleich Ihre Emotionen in den Vordergrund drängen, werden Sie sich an diesen entlanghangeln und gefühlsmäßig entscheiden.

Ein weiteres Beispiel: Wenn wir Schuhe kaufen wollen, können wir überlegen, ob wir sie überhaupt benötigen, welche Farbe oder Qualität in Frage kommen, die Angebote schließlich auf das Preis-Leistungs-Verhältnis untersuchen und mittels wichtiger, klar benennbarer Kriterien zu einem Entschluss kommen. Wir können aber auch aus dem Bauch heraus, d.h. mit dem Gefühl entscheiden, anstatt mit dem logischen Verstand heranzugehen. Und wenn es sich gut anfühlt, kann es leicht passieren, dass es mehrere Paar Schuhe werden. Ob sie zwingend gebraucht werden, ist nachrangig.

Diese vereinfachten Beispiele zeigen die zwei grundsätzlich verschiedenen Wege, zu einer Entscheidung zu kommen: Wir können entweder mit dem Denken oder mit dem Fühlen eine Entscheidung fällen. Entdeckt und beschrieben wurden diese beiden Entscheidungsfunktionen von dem Schweizer Psychiater und Tiefenpsychologen Carl Gustav Jung, dem auffiel, wie unterschiedlich Menschen die Welt wahrnehmen und beurteilen. Seine Beobachtungen führten zu einer Typenlehre[2], die nicht nur der Selbsterkenntnis dient, sondern dazu beiträgt, zwischenmenschliche Reibereien und Missverständnisse besser zu verstehen.

Jung hat insgesamt vier verschiedene sogenannte Ich-Funktionen beobachtet: neben den beiden *Entscheidungs*funktionen Denken und Fühlen die zwei *Wahrnehmungs*funktionen Intuition und Empfindung. Immer wenn wir unsere Sinnesorgane benutzen, ist die Empfindungsfunktion aktiviert: Wir sehen, hören, riechen, schmecken oder tasten, was in der Welt vor sich geht. Menschen mit sehr gut entwickelter Empfindungsfunktion sind Meister im Beobachten von Details; fotografisch genau nehmen sie wahr, was um sie herum passiert. Sie bemerken sofort, wenn jemand beim Friseur war oder in der Wohnung etwas verändert ist. Ein intuitiver Mensch würde das nicht registrieren und deshalb all jene enttäuschen, die auf ein Kompliment für ein neues Kleidungsstück oder eine neue Frisur warten. Intuitive Menschen nehmen nämlich objektive Tatsachen kaum oder nur sehr ungenau wahr, stattdessen sind sie Könner darin, etwas zu erahnen. Sie wissen manchmal, wie sich die Dinge entwickeln werden, und spüren, wenn ein bestimmtes Ereignis in der Luft liegt. Zweifelsohne werden sie um ihren richtigen Riecher häufig beneidet, kann er doch Geschäftsleuten oder an der Börse satte Gewinne ermöglichen.

Empfindung und Intuition sind ebenso wie Denken und Fühlen jeweils ein Gegensatzpaar. Das bedeutet: Wer über eine sehr gute Intuition verfügt, hat eine eher schlechte Empfindung und umgekehrt. Wer die Realität präzise beobachtet und sich an ihr orientiert, bleibt meist auf dem Boden der objektiven Tatsachen; Vorahnungen sind ihm fremd oder gar suspekt. Die beiden Entscheidungsfunktionen Denken und Fühlen sind ebenfalls ein Gegensatzpaar: Ein ausgezeichneter Denktyp hat große Mühe mit seiner Fühlfunktion. Denken und Fühlen sind nicht gut miteinander vereinbar. So kann ein Beamter, der aufgrund einer Flutkatastrophe eine Evakuierung zu organisieren hat, nicht seinen Gefühlen über all das menschliche Leid nachgehen, sondern muss sie beiseiteschieben, um die Planungen durchführen zu können. Deshalb gibt es auch die Regel, dass ein Arzt nicht seine schwer kranken Angehörigen behandelt; allzu leicht könnten seine Gefühle und Ängste die übliche routinierte Arbeit stören.

Diese Beispiele zeigen, dass uns die vier Ich-Funktionen nicht in gleichem Maße zur Verfügung stehen. Bereits in der Kindheit neigen wir dazu, uns vorrangig auf eine Funktion zu konzentrieren, und diese eine Hauptfunktion bestimmt dann auch später die

Art und Weise, wie wir die Welt wahrnehmen und uns in ihr bewegen: Die entwickelte Hauptfunktion – sei es nun Denken, Fühlen, Empfindung oder Intuition – ist unsere Stärke, erklärt unsere Vorlieben und hat häufig wesentlichen Einfluss auf unsere Berufswahl: Denktypen finden sich etwa häufig unter Wissenschaftlern, Empfindungstypen in der feinmechanischen Industrie, z. B. der Schweizer Uhrenindustrie, Intuitive unter Künstlern, Designern sowie innovativen Unternehmern und Fühltypen in helfenden Berufen. Im Laufe des Lebens entwickeln wir neben unserer Hauptfunktion auch die übrigen Funktionen weiter. Dadurch können wir uns differenzierter und angemessener in der Welt orientieren. Allerdings ist eine Funktion – diejenige, die das Gegenstück zu unserer Hauptfunktion ist – immer unterentwickelt und bleibt unser wunder Punkt.

Die beiden verschiedenen Entscheidungstypen, also Denk- und Fühltypen, neigen dazu, über den jeweils anderen Typ befremdet den Kopf zu schütteln, ihn schlimmstenfalls sogar zu verachten, denn die jeweils andere Herangehensweise ist für sie nicht nachvollziehbar. Beide Funktionen, Denken und Fühlen, sind aber in ihrer jeweiligen Eigenart wertvoll, ermöglichen sie doch erst zusammen ein ganzheitliches Urteil. Jedoch stehen uns die beiden Funktionen eben weder gleichzeitig noch gleichwertig zur Verfügung, sondern eine von ihnen dominiert.

Wenn Schätzungen zutreffen, denen zufolge zwei Drittel der Denktypen Männer und zwei Drittel der Fühltypen Frauen sind, dann wird plausibel, wie viel Unverständnis in Beziehungen allein durch eine unterschiedliche Typologie vorprogrammiert ist. Frisch verliebt können typologische Gegensätze durchaus reizvoll sein, Jahre später bieten sie jedoch häufig Anlass zu Streitigkeiten. Dann fasziniert nicht mehr der ganz andere Standpunkt, sondern jeder ist davon überzeugt, über die jeweils besseren Entscheidungsgrundlagen zu verfügen. Es lohnt sich jedoch, besonders bei wichtigen Entscheidungen, beide Entscheidungsfunktionen zu Rate zu ziehen, und da kann es sinnvoll werden, wenn zwei Menschen unterschiedlicher Typologie sich nicht länger entwerten oder bekriegen, sondern neugierig aufeinander werden und sich gegenseitig zuhören, ganz nach dem Motto: »Aha, das konnte ich bislang gar nicht sehen, obwohl es wichtig sein könnte!«

Im Laufe des Lebens ist es wichtig, nicht nur die Qualität und Vorteile der jeweils anderen Typologie schätzen zu lernen, sondern auch in sich selbst die vernachlässigte, wenig entwickelte Funktion wahrzunehmen und sie so gut es geht zu entwickeln.[3] Das ist leichter gesagt als getan. Denktypen haben meist keine Ahnung, ob oder welche Gefühle sie haben. Sie müssen lange suchen, um zu merken, was ihr Bauch sagt. Wenn man dann nachfragt, antworten sie häufig mit einem Gedanken über ihr Gefühl. Denktypen wirken oft kühl und distanziert, es stimmt aber nicht, dass sie keine Gefühle haben. Sie können intensive, tiefe Gefühle haben, aber es fällt ihnen sehr schwer, sie im richtigen Moment wahrzunehmen und auszudrücken. Genauso ist es ein Irrtum anzunehmen, Fühltypen könnten nicht denken. Sie können sehr gut, gerade auch originell denken, aber die Gedanken kommen und gehen, wie es ihnen passt. Deshalb sind Prüfungssituationen für Fühltypen ein Horror, weil sie im entscheidenden Augenblick ihr Denken nicht zur Verfügung haben und deshalb leicht als dumm gelten, was sie aber überhaupt nicht sind.

Zwischen Entscheidungsfreude und Entscheidungsfurcht

Sobald Sie einschätzen können, mit welcher Funktion Sie hauptsächlich entscheiden, drängt sich eine zweite Frage auf: Fühlen Sie sich wohler, *nachdem* oder *bevor* Sie die Entscheidung getroffen haben? Wenn Sie zu den Menschen erster Kategorie gehören, werden Sie nicht allzu viel Mühe haben, eine Angelegenheit abzuschließen. Sie begrüßen es und sind befriedigt, wenn die Dinge entschieden sind und erledigt werden können. Offene Fragen, aber auch vor Ihnen liegende Arbeitsberge erleben Sie als eher unangenehm. Um sich gut zu fühlen, reagieren Sie deshalb eher entscheidungsfreudig und schätzen Disziplin und Kontrolle. Mit dieser Einstellung können Sie schnell, systematisch und bestimmt handeln.

Falls Sie sich dagegen *vor* einer möglichen Entscheidung wohler fühlen, versuchen Sie, diese so lange wie möglich hinauszuzögern, um in einem angenehmen Schwebezustand bleiben zu können. Im Reich der unbegrenzten Möglichkeiten fühlen Sie sich wie ein Fisch im Wasser. Das Unbestimmte fasziniert Sie, und sich festzulegen ist Ihnen eher ein Gräuel. In einer frei schwebenden Aufmerksamkeit können Sie ruhig abwarten, bis ein zündender Einfall kommt. Kreativität, Spontaneität und Flexibilität sind Ihre Stärken, aber an Mut zur Entscheidung fehlt es Ihnen häufig. Wieso eigentlich? Zum besseren Verständnis möchte ich zu dem Bild mit den zwei verschlossenen Türen zurückkehren.

Sobald Sie eine Tür gewählt haben und hindurchtreten, sind Sie konkret und verbindlich geworden. Es werden sich Konsequenzen ergeben, für die Sie verantwortlich sind. Wenn Sie ungern die Last der Verantwortung auf Ihren Schultern tragen, vermeiden Sie eine Entscheidung so lange wie nur möglich. Mit einer einmal getroffenen Wahl haben Sie zudem die andere Möglichkeit ausgeschlossen und damit etwas verloren. Woher wollen Sie wissen, ob die zweite Wahl nicht vorteilhafter gewesen wäre? Vielleicht haben Sie etwas Wertvolles verpasst? Das Beste ausgelassen? Das ist nie ganz auszuschließen.

Dieser Verlust ist die zu tragende Crux an einer Entscheidung. Allerdings nur, wenn Sie eine starke Entscheidung getroffen haben.[4] Starke Entscheidungen sind sichtbar, verändern etwas konkret, hinterlassen also Spuren. Wenn Sie mit dem guten Vorsatz ins neue Jahr starten, das Rauchen aufzugeben, und dies in die Tat umsetzen, dann haben Sie eine starke Entscheidung getroffen. Wenn Sie beschließen, den Medienkonsum Ihrer Kinder einzuschränken, das aber im Alltagstrubel nicht verwirklichen können, dann ist dies eine schwache Entscheidung. Mit einer starken Entscheidung verändert sich etwas sichtbar im Leben. Und da wir die Zukunft prinzipiell nicht kennen, ist es nie vorhersehbar, wie sich diese Änderung entwickeln wird. Menschen, die ideale Entscheidungen anstreben, die alles richtig machen wollen, haben es deshalb begreiflicherweise schwer. Perfektionisten können sich in der Entscheidungsfindung regelrecht quälen, weil sie nie wissen werden, ob nicht doch die ausgeschlossenen Alternativen das Optimum gewesen wären. Zögerlichkeit und Verzagtheit sind logische Konsequenz. Mut wird dann leicht zur Mangelware.

Aber sich nicht zu entscheiden ist auch eine Entscheidung. Wenn Sie vor zwei Türen stehen und keine der beiden öffnen, sich also passiv verhalten, bleibt Ihnen zwar das dahinterliegende Unbekannte erspart, aber nicht das Leben selbst mit all seinen Weggabelungen. Das Schicksal oder andere werden über Sie und für Sie entscheiden. Wenn Sie warten und stehen bleiben, kommen die Ereignisse irgendwann einfach auf Sie zu, und sei es nur das Älterwerden. Eines Tages kann auch jemand vorbeikommen und eine der zwei Türen aufschließen. Falls Sie dann einen Blick hinter die geöffnete Tür riskieren und sich darüber informieren, was es da so gibt, haben Sie eine bessere Entscheidungsgrundlage. Vielleicht lassen Sie sich dann auch durch die Tür mitnehmen – oder Sie werden sogar dazu gezwungen, mitzugehen.

Von Risiken und Spielräumen

Nicht immer wollen wir uns dem Schicksal überlassen, sondern bevorzugen, selbst das Heft in die Hand zu nehmen. Wenn wir uns fragen, wie viel auf dem Spiel steht, ist es uns besser möglich, Risiken einzuschätzen und besser zwischen Übermut und Mut zu unterscheiden. Vor diesem Hintergrund können wir Entscheidungen in zwei Gruppen einteilen: Kann die Entscheidung in gewissem Umfang korrigiert werden oder ist sie nicht mehr rückgängig zu machen? Wenn wir eine Unterschrift unter einen Mietvertrag setzen, bindet uns das nicht für ewige Zeiten unwiderruflich an diese Wohnung, und ein neu erworbenes Auto, mit dem wir nicht zurechtkommen, können wir wieder verkaufen. Sollten uns die kurz geschnittenen Haare nicht gefallen, können wir sie wieder wachsen lassen. Falls wir uns hier vertan haben, stecken wir in der Regel nicht in einer Sackgasse fest. Das bedeutet trotzdem nicht, dass wir derartige Fehlentscheidungen so einfach wegstecken. Sie können uns schlaflose Nächte kosten, viel Ärger und Kummer bereiten, mit finanziellen Belastungen einhergehen oder einen hohen organisatorischen Aufwand bedeuten. Der Irrtum erweist sich als Problem, das wir versuchen wollen zu lösen. Die Folgen einer einmal gefällten Entscheidung können jedoch prinzipiell nicht ungeschehen gemacht werden; wir können nie davor zurückkehren und nochmals ganz von vorne beginnen. Nie kann es wieder so werden wie früher, weil die gemachte Erfahrung nicht ausgelöscht werden kann, sondern Spuren hinterlässt: Wir haben etwas dazugelernt. Insofern gibt es kein Handeln auf Probe.

Dennoch: Ein Entschluss, der sich als Fehlentscheidung erwiesen hat, kann zu einer Herausforderung werden. Wenn wir beispielsweise nach dem Einzug in eine neue Wohnung aufgrund von Konflikten mit den Nachbarn, dem Vermieter oder wegen Mängeln unzufrieden sind, stehen Entscheidungen an: Wollen wir unsere Situation verbessern und erneut umziehen? Sobald wir das bejahen, lohnt sich ein Blick auf eventuelle Hindernisse und vorhandene Ressourcen. Wenn wir in einer Stadt leben, deren Wohnungsmarkt quasi leergefegt ist, wird unser Ziel schwer erreichbar sein. Sollten wir über ausreichend finanzielle Spielräume verfügen oder gute Beziehungen haben, steigen unsere Chancen, eine geeignete Wohnung zu finden.

Manchmal sind wir allerdings verwundert über Menschen, die trotz guter äußerer Rahmenbedingungen ihr Problem nicht mutig anpacken. So sucht die erfolgreiche 35-jährige Architektin Sylvia[5] seit Jahren nach einer Eigentumswohnung; trotz interessanter und realisierbarer Angebote wurde sie bisher nicht fündig. Zögert sie, weil wirklich gar nichts Passendes dabei ist, oder gibt es verborgene Hemmfaktoren? Fehlt ihr der Mut zum entscheidenden Ja, weil sie von ihrer derzeitigen Situation insgeheim profitiert? In der Tat gibt es wichtige Gründe, nicht umzuziehen: Sylvia lebt als jüngste Tochter noch zu Hause bei den Eltern und genießt es, am Feierabend und an den Wochenenden nicht allein zu sein. Sie gesteht es nicht gerne ein, aber die familiäre Geborgenheit wirkt wie eine Hürde, die den mutigen Schritt nach draußen und somit die Entscheidung für eine eigene Wohnung verhindert.

Sylvia bringt die Erkenntnis, dass sie aufgrund ihrer Verbundenheit mit den Eltern derzeit eigentlich gar nicht ausziehen will, in Verlegenheit: Die bisherige Wohnungssuche war auf Sand gebaut, eine illusionäre Angelegenheit, die nicht gelingen konnte. Wird sie den Mut haben, dazu zu stehen, obwohl ihre Freunde und Kollegen es für richtig halten, in ihrem Alter eine eigene Wohnung zu haben? Kann sie zu ihrem wirklichen Bedürfnis stehen? Oder bringt sie den Mut auf, sich in vorsichtigen Schritten vom Elternhaus zu lösen und unabhängiger zu werden? Solange Unabhängigkeit vom Elternhaus für sie im Grunde unattraktiv ist, wird sie ihren Spielraum nicht nutzen können und weiterhin vor einem Auszug zurückschrecken.

Wenn wir – wie Sylvia – zäh auf der Stelle treten und uns selbst als unfähig erleben, eine mutige Entscheidung zu treffen, kann es sein, dass Vorteile des Status quo als Bremse wirken. Dann mehren sich rasch Zweifel, ob eine Veränderung überhaupt erstrebenswert ist. Erst wenn wir es wagen, uns solche inneren Hemmungen einzugestehen, können wir aufhören, uns selbst etwas vorzumachen.

Das ermöglicht uns, zwischen einem Problem und einer Illusion zu unterscheiden.

Neben den prinzipiell korrigierbaren Entscheidungen gibt es eine Gruppe von Entscheidungen, die einen »way of no return«, einen »Weg ohne Wiederkehr«, bedeuten. Noch vor wenigen Jahrzehnten gehörte die Entscheidung zu heiraten zu dieser Kategorie. Die Ehe bedeutete, für immer zusammenzubleiben, »in guten wie in schlechten Tagen«. Einen glücklich verheirateten Menschen musste diese lebenslängliche Verpflichtung nicht stören, im Gegenteil, hatte er doch die Sicherheit, dass egal was passiert, die Beziehung halten wird. Verlässlichkeit und Verbindlichkeit waren ein nicht zu unterschätzender Gewinn. Besonders das gemeinsame Durchstehen von schwersten Stunden konnte das Zusammengehörigkeitsgefühl wachsen lassen. Ein großes Problem hatte aber, wer sich vom Partner trennen wollte, weil die Beziehung gescheitert war. Eine Fehlentscheidung bei der Partnerwahl war nach damaligen Moralvorstellungen nicht korrigierbar. Für uns ist es heute nahezu unvorstellbar, auf die Freiheit zur Trennung verzichten zu müssen, auch wenn wir die Sehnsucht nach bleibender, tiefer Bindung kennen.

Die Ehe ist heute – zumindest seitens des Staates – jederzeit auflösbar, aber es gibt immer noch Entscheidungen, die nicht umkehrbar sind. So kann eine Abtreibung nicht rückgängig gemacht werden, eine operativ entfernte Galle bleibt verloren, ebenso eine amputierte Brust. Hier geht es um Endgültiges. Etwas in meinem Leben stirbt. Solche Entscheidungen haben weit in die Zukunft reichende Folgen und müssen manchmal unter enormem zeitlichen und emotionalen Druck getroffen werden. Falls wir etwas unwiederbringlich zu verlieren drohen, gilt: Je sorgfältiger wir die verschiedenen Aspekte der Situation beleuchten, desto verantwortungsvoller gehen wir mit uns selbst um. Eine Frau, die ungewollt schwanger wird, darf sich – innerhalb eines bestimmten gesetzlichen Rahmens – heute für oder gegen das werdende Leben entscheiden. Wäre das Leben mit einem Kind nicht zu bewältigen oder aus bestimmten Gründen unvorstellbar? Dann kann am Ende eines sorgfältigen Abwägungsprozesses das stimmige Ja für eine Abtreibung stehen. Erleichterung stellt sich ein, wenn es möglich ist, das bisherige Leben weiterzuführen, ohne dass die Bedürfnisse eines Kindes berufliche oder private Pläne zerstören. Die Freiheit, das Leben selbstbestimmt zu gestalten, muss nicht aufgegeben werden. Allerdings steht diesem Gewinn auch ein Verlust gegenüber; die Medaille hat zwei Seiten. Neben der Freiheit gibt es – manchmal tief verborgen – intensive oder auch chaotische Gefühle. Trauer, weil man nie wissen kann, ob das Leben mit dem Kind nicht doch eine Bereicherung gewesen wäre. Trauer, weil vielleicht nur der Mut gefehlt hat, an die eigene Kraft zu glauben und deshalb das Kind keine Lebenschance bekommen hat. Wut über die Umstände, die zur ungewollten Schwangerschaft geführt haben, denn ohne sie hätte es den Entscheidungskonflikt gar nicht gegeben. Auch Scham und Ekel über körperliche Erlebnisse bei der Zeugung oder Abtreibung können quälend sein. Und trotz reiflicher Überlegung können Gewissensbisse auftreten, denn es ist nicht einfach, eine Zustimmung zum Schwangerschaftsabbruch zu geben.

Welche Gefühle eine Abtreibung auch begleiten: Frauen, die den Mut aufbringen, sie zuzulassen und zu durchleben, ersparen sich in der Regel eine Depression. Sie nehmen Abschied und verdrängen den Schmerz nicht. Das bewusste Loslassen des ungeborenen Kindes ist sehr anstrengend, kann aber versöhnlicher gelingen, wenn widersprüchliche Gefühle – die Erleichterung und die Trauer – wahrgenommen und ertragen werden. Das verschont vor inneren Altlasten, die sich dann wieder ins Leben drängen können, wenn eine Frau kinderlos in die Wechseljahre kommt. Nun ist der Abschied von eigenen Kindern endgültig, was bei der Entscheidung zur Abtreibung vielleicht noch nicht so eindeutig der Fall war. Wenn die Trauer über die abgebrochene Schwangerschaft dagegen nur verdrängt worden war, kann sie später als Verbitterung, innere Leere oder Schuldgefühle das Leben vergiften.

Sobald wichtige und schwierige Entscheidungen anstehen, bitten wir häufig Fachleute oder ehemalige Betroffene um Rat. Falls deren Meinungen einhellig sind und plausibel klingen, fällt es meist leicht, sich ihnen anzuschließen und eine Entscheidung zu fällen. Doch was passiert, wenn die Meinungen widersprüchlich sind und mehrere Alternativen existieren? Vielleicht fühlen wir uns überfordert und übernehmen die Empfehlung von Experten, vielleicht trauen wir deren Erfahrungen nicht über den Weg und wagen die ganz persönliche Entscheidung. So braucht es beispielsweise Mut, sich einem ärztlichen Rat zu widersetzen. Manchmal liegt aber gerade der Zweck von Entscheidungen im Widerstand. »Nur nicht wie die Mutter«, lautet das Motto, wenn etwa die 14-jährige Stefanie an der Kasse fragt: »Kann ich diesen Pullover umtauschen, falls er meiner Mutter gefällt?« Hier geht es nicht wirklich um das T-Shirt, sondern um Abgrenzung.

Was in der Pubertät notwendig sein kann, wird aber im Erwachsenenalter in der Regel problematisch. Lassen Sie einmal Ihr Entscheidungsverhalten vor Ihrem inneren Auge Revue passieren. Können Sie manchmal Ratschläge annehmen? Oder geht das nie? Berücksichtigen Sie fast ausschließlich die Meinung und Vorgaben anderer? Falls Sie bei sich ein durchgängig einseitiges Muster erkennen sollten – Rebellieren oder Bravsein –, dann haben Sie wahrscheinlich unbewusst Verhaltensweisen aus Ihrer Kindheit beibehalten. Derart fixiert laufen Sie als Erwachsener in Entscheidungsfallen, weil Sie sich nicht dem Problem stellen, sondern es entscheidet Ihr unbewusstes Beziehungsmuster. Sie geben dann beispielsweise dem Drängen Ihrer Eltern nach, in Ihr Elternhaus zu ziehen, oder laden sich eine Zusatzaufgabe im Büro auf, weil Sie seit eh und je zu allem Ja sagen. Wenn Sie dagegen grundsätzlich rebellisch sind, lehnen Sie alles ab, was von anderen kommt. Reife würde dann für Sie bedeuten, sich für etwas zu entscheiden, *obwohl* andere es gut finden.

Verborgene Muster, eine Entscheidung zu treffen

Es braucht Mut, sich solche festgefahrenen Muster einzugestehen. Doch wie entstehen sie überhaupt? Wer oder was in uns fällt Entscheidungen? Zahlreiche Menschen gehen irrtümlich davon aus, dass allein ihr persönliches Ich unabhängige, individuelle Entscheidungen fällen kann. Das ist aber nicht so. Von frühester Kindheit an nehmen wir die von unserer Umgebung vorgelebten Einstellungen und Bewertungen in uns auf und machen sie uns unbewusst mehr oder weniger zu eigen. So kann es sein, dass wir »Ich« sagen, aber aus unserem Mund spricht quasi unsere eigene Mutter oder der eigene Vater. Darauf aufmerksam werden wir, wenn uns Verwandte oder Freunde vorhalten: »Du redest schon wie dein Vater!« Die Eltern wirken mehr oder weniger verborgen als innere Begleiter in uns, unabhängig davon, ob wir den Kontakt zu ihnen pflegen oder nicht. Selbst wenn unsere Eltern bereits verstorben sind, haben sie als verinnerlichte Instanzen einen mehr oder weniger großen Einfluss auf unsere Entscheidungen.

Bei diesen festgefahrenen Mustern handelt es sich um sogenannte Komplexe: Erfahrungen, die wir von Kindesbeinen an immer wieder auf ähnliche Weise machen und die von uns lebenslang unbewusst als thematische Einheit gespeichert werden. Komplexe sind normale Bestandteile unserer Seele und immer mit Emotionen, unbewussten Vorstellungen und Erwartungen verknüpft. So besitzen wir alle einen Mutterkomplex, Vater-, Minderwertigkeits- oder Geldkomplex sowie Komplexe zu allen grundlegenden Themen des Lebens. Wenn wir beispielsweise unseren Vater als sehr fürsorglich oder umgekehrt als sadistisch erlebt haben, erwarten wir oft, dass Autoritätspersonen genauso reagieren. Die Lebenseinstellung, die wir als Kind in der Beziehung zum Vater gewonnen haben, behalten wir häufig unbewusst im Umgang mit Autoritäten bei. Es ist für uns selbstverständlich, dass wir unterstützt und gefördert oder im anderen Fall unterdrückt und verachtet werden. Wird nun das Thema Vater oder unser mit ihm verknüpftes Gefühl angesprochen – und somit der Komplex berührt –, dann reagieren wir stereotyp und umso unverhältnismäßiger, je problematischer unsere frühen Erfahrungen waren. Unser Ich ist dann nicht mehr frei und kann weder frei entscheiden noch frei handeln, sondern ist in einem starren Reaktionsmuster gefangen. Wer beispielsweise eine ärztliche Behandlung ablehnt, weil er unbewusst seinen alten Rivalitätskonflikt mit dem Vater auf den Arzt überträgt, kann nicht besonnen mögliche Vor- und Nachteile der geplanten Therapie abwägen, sondern muss einfach widersprechen und rebellieren, weil er sich prinzipiell nichts von einer Autoritätsperson sagen lassen kann.

Doch es ist immer wieder wichtig, sich zu vergegenwärtigen: Selbst wenn wir uns als Erwachsene in ähnlichen Autoritätssituationen wiederfinden – sie sind eben nur ähnlich und nicht identisch, und wir sind auch nicht mehr die schwachen, abhängigen Kinder, die wir einst waren. Auch hier braucht es den Mut, genau hinzuschauen: Wie war es damals, und wo stehe ich heute?

Neben solchen unbewussten, komplexhaften Entscheidungen, die uns in Schwierigkeiten bringen, gibt es auch unbewusste Verhaltensmuster, die sehr förderlich sein können. Beim genauen Hinschauen wird deutlich: Vor allem wenn wir nichts verlieren, sondern nur gewinnen können, fällt es uns leichter, mutig zu sein.

Die 24-jährige Lehramtsstudentin Ute erlebt das bei ihrer Anmeldung für das erste Staatsexamen. Kurze Zeit nach Abgabe der Unterlagen teilt ihr das Prüfungsamt schriftlich mit, dass ihr aufgrund eines fehlenden Scheines die Teilnahme nicht gestattet werden kann. Ute ist bestürzt, denn die Studienberatung hatte sie anders informiert, und sie war sicher, alle Vorbedingungen erfüllt zu haben. Sofort greift sie zum Telefonhörer, um dem zuständigen Sachbearbeiter ihre Situation ausführlich zu erklären. Er reagiert verärgert, sie habe sich die Studienordnung nicht gründlich angeschaut und müsse nun eben die Konsequenzen tragen. Sie solle ihn nicht weiter belästigen, sondern das Versäumte nachholen und die vollständigen Unterlagen im kommenden Semester erneut einreichen.

Hin- und hergerissen zwischen Ohnmachtsgefühlen und Wut weint Ute hemmungslos. Die Nichtzulassung ist eine Katastrophe, wird ihr Studium verteuern und ihre ganzen Pläne über den Haufen werfen. In ihrer Verzweiflung fährt sie am nächsten Morgen zum Prüfungsamt, um den Beamten in einem persönlichen Gespräch umzustimmen, obwohl ihre Kommilitonen ihr davon abgeraten hatten, sie mache sich nur lächerlich, ist der Sachbearbeiter doch als streng und unnachgiebig verschrien. Ungehalten verweist er ihren Partner, der gerne am Gespräch teilgenommen hätte, auf den Flur. Ute muss da alleine durch. Mit Bestätigungen aus ihren beiden Auslandssemestern belegt sie Kenntnisse, die den fehlenden Schein ersetzen könnten. Und es grenzt an ein Wunder: Der Beamte bestätigt ihr die Äquivalenz.

Ute fällt ein riesiger Stein vom Herzen, sie ist zur Prüfung zugelassen. Verabschiedet wird sie vom Sachbearbeiter mit den Worten: »Hut ab, dass Sie persönlich gekommen sind, obwohl ich Sie so schroff am Telefon abgewiesen habe. Bisher hat noch kein Student diesen Mut gezeigt!« Ute ist erstaunt, aus diesem Blickwinkel hat sie ihr Verhalten überhaupt noch nicht betrachtet. Sie hat ganz spontan für ihr Anliegen gekämpft. Es entspricht nicht ihrem Naturell, in schwierigen Situationen sofort klein beizugeben. Sie ist es gewohnt, Spielräume auszuloten und erst einzulenken, wenn gar nichts mehr zu ändern ist. Deshalb käme sie gar nicht auf die Idee, bei ihrem Verhalten von Mut zu sprechen.

Wer von beiden hat nun recht? Oder anders gefragt: Ist Mut überhaupt objektivierbar? Lässt er sich objektiv messen? Wenn wir mutiges Verhalten beurteilen, versetzen wir uns innerlich in die Situation und prüfen die Anforderungen einer Aufgabe. Unsere eigenen Ängste, Erfahrungen oder Fertigkeiten beeinflussen, ob wir eine Handlung als außergewöhnlich und deshalb mutig bezeichnen. Weil Ute sich durch abweisendes Verhalten von Menschen grundsätzlich nicht einschüchtern lässt, erlebt sie ihre Auseinandersetzung mit dem Beamten nicht als mutige Tat. Sie musste keine große Hürde überwinden, um den Konflikt auszutragen. Er dagegen weiß, dass seine schroffe Art viele Studierende verängstigt und resignieren lässt. Wenn diese ihre Angst überwinden könnten, wäre das für sie dann in der Tat ein mutiger Schritt.

Mut wird also im Vergleich erkennbar. Deshalb fordert die gleiche sachliche Aufgabe von verschiedenen Menschen ein verschiedenes Maß an Mut. Was von außen als mutig wahrgenommen wird, muss subjektiv betrachtet nicht unbedingt außergewöhnlich schwer sein. Die persönliche Herausforderung bestimmt das Ausmaß einer mutigen Tat. Ein Kletterwagnis verlangt vom Anfänger mehr Mut als vom geübten Bergsteiger. Der Unerfahrene mit der größeren Angst muss die größere Portion an Mut aufbringen, um die Situation zu meistern. Gewohnheit kann also den Verdienst einer mutigen Leistung verringern. Auf der anderen Seite können aber auch Gewohnheiten bewundernswert mutig sein, beispielsweise wenn Akrobaten sich täglich auf das Hochseil wagen und ohne Netz immer wieder aufs Neue mit der Absturzgefahr konfrontiert sind.

Können wir immer wissen, wenn wir mutig gehandelt haben? Ute hat nicht bewusst überlegt, welches Risiko sie mit dem Gespräch eingeht, sondern einfach gehandelt. Das ist ganz normal; vollkommen bewusste Entscheidungen sind nicht die Regel. Tagtäglich treffen wir in Sekundenbruchteilen sehr viele Entscheidungen, ganz spontan und ohne lange zu überlegen. Das ist notwendig und gut, zumal unser Instinkt und der gesunde Menschenverstand uns bei der Orientierung in alltäglichen Belangen helfen. Bei banalen Angelegenheiten oder Routinefragen bräuchte es viel zu viel Zeit und Energie, die Situation bewusst zu analysieren. Der Lebensfluss käme zu sehr ins Stocken. Wir würden umständlich agieren und ständig anfangen zu grübeln, ohne Gewinn. Wenn wir allerdings völlig unerwartet und unvorbereitet mit einer komplexen Situation konfrontiert werden, dann lohnt eine Analyse, damit eine bewusste Entscheidung gefällt werden kann.

Gibt es einfache Entscheidungen? Wenn ich wählen kann zwischen einem vergifteten Apfel und einem reifen, gut schmeckenden Apfel, fällt die Entscheidung nicht schwer. Die eine Alternative ist eindeutig und objektiv schlecht, ja sogar gefährlich und deshalb leicht zu verwerfen. Diese Situation ist schnell und leicht zu klären. Herausgefordert werden wir dagegen durch Konflikte, in denen wir zwei Dinge gleich intensiv begehren oder ablehnen, aber nur eines bekommen können oder eines nehmen müssen. Solche Ambivalenzen hemmen oder blockieren uns. Wenn man so innerlich zerrissen ist, wie kann man da gut entscheiden?

Wie uns innere Zerrissenheit lähmt

Anna ist hin- und hergerissen. Vor einem Jahr hat sie sich heftig in einen Mann verliebt und Hals über Kopf in eine Affäre gestürzt. Weder ihr Ehemann noch ihre beiden fast erwachsenen Söhne wissen davon. Sie hat es die ganze Zeit geschafft, die Beziehung vor der Familie zu verbergen, aber ihr Leben in den zwei streng voneinander getrennten Welten kostet Anna zunehmend Kraft. Sie ist unzufrieden, will reinen Tisch machen und sich für einen der Männer entscheiden. Doch sie zögert, fühlt sich gehemmt und mutlos. In vielen schlaflosen Nächten spielt sie immer wieder die beiden Möglichkeiten durch: zu gehen oder zu bleiben. Auf der einen Seite hat ihr Mann als vielbeschäftigter Ingenieur nur wenig Zeit für sie, dennoch gibt er ihr Sicherheit, ist der ruhende Pol in ihrer Beziehung und steht mit beiden Beinen fest im Leben. Auch spürt sie die Verpflichtung, ihren beiden Kindern ein gutes Zuhause und Geborgenheit zu geben, damit sie unbeschwert aufwachsen können. Es käme einer Art Erdrutsch gleich, wenn sie diese Familie zerstören würde. Hätte sie die Kraft, die Verantwortung dafür auf sich zu nehmen? Und was würden ihre sehr konservativen Eltern zu solch einem Schritt sagen? Würden sie zu ihr stehen oder empört für den geschätzten Schwiegersohn Partei ergreifen? Sie ist sich da nicht sicher. Auch die Beziehung zu gemeinsamen Freunden stünde auf dem Spiel. Schlimmstenfalls stünde sie ohne Unterstützung da und wäre ganz auf sich allein gestellt. Mit ihrer Halbtagsstelle als technische Zeichnerin käme sie knapp über die Runden, aber das gemeinsame Haus würde sie verlieren, und sie weiß nicht, ob ihre beiden Söhne überhaupt bereit wären, den Vater zu verlassen, um mit ihr zu einem anderen Mann zu gehen. All diese Bedenken und Ängste lähmen sie, sie steckt fest, wagt nicht, eine Entscheidung zu fällen. Denn was ist richtig?

Die schwierige Frage: Trennung ja oder nein, hätte eine »durchschnittliche« Ehefrau im deutschsprachigen Raum noch vor hundert Jahren kaum gestellt oder wahrscheinlich rasch verdrängt. Auch wenn das Paar in einer unglücklichen Beziehung lebte, machten religiöse, soziale oder materielle Gründe eine Scheidung damals nahezu unmöglich.

Heute dürfen wir selbst entscheiden, die Kirche hat ihren Einfluss weitgehend verloren, und seit Mitte der 70er-Jahre ist im Scheidungsrecht das Schuldprinzip zugunsten des Zerrüttungsprinzips aufgegeben worden. Obwohl somit aus juristischer Sicht die Schuldfrage bei einer Scheidung bedeutungslos ist, bleiben viele Menschen, die Trennungswünsche haben, nicht von Schuldgefühlen verschont. Das ist nicht verwunderlich, denn persönliche Entscheidungsfreiheit geht unweigerlich mit persönlicher Verantwortung einher. Was richtig ist, bedarf einer individuellen Rechtfertigung. Nur wenige Menschen gehen in eine Trennung, ohne sich innerlich Rechenschaft abzulegen.

Das ist die manchmal schwer zu ertragene Kehrseite der lang ersehnten Freiheit: Die Frage nach Recht und Unrecht einer Trennung kann nicht mehr an eine übergeordnete Instanz delegiert werden, sondern ist selbst zu beantworten. Solange wir nicht entscheiden durften, konnten wir uns als Opfer der Umstände begreifen. Mit einer persönlich gefällten und umgesetzten Entscheidung werden wir jedoch zu selbstverantwortlich Handelnden, auf die mit dem Finger gezeigt werden kann. Nicht wenige schrecken vor solch einer Last zurück, und manche ertappen sich bei heimlichen Todeswünschen in Bezug auf den Partner – der Trennungskonflikt wäre dann gelöst, ohne dass man sich selbst die Hände schmutzig gemacht hätte. Solche Sehnsüchte bezeugen Angst vor dem Erwachsenwerden und sind ein Zeichen von Unmündigkeit. Wer sich in einer solchen Opferrolle wohlfühlt, dem werden mutige Entscheidungen generell schwerfallen. Ein innerlich erwachsener

Mensch dagegen wird das Ideal einer schuldfreien Existenz als Utopie erkennen und verwerfen. Die Frage lautet nicht, wie ich schuldfrei bleiben kann, sondern welche Schuld oder Verantwortung ich auf mich zu laden vermag.

Schuld hat viele Facetten

In der Natur existiert keine Schuld. Wenn ein Löwe eine Gazelle erlegt, ist er nicht böse, sondern handelt instinktiv und artgemäß, um zu überleben. Wie alle Tiere in der freien Wildbahn, lebt er in einem natürlichen Kreislauf des Fressens und Gefressenwerdens. Anders ist das bei uns Menschen. Mit der Entstehung des Bewusstseins haben wir die Unschuld verloren, wovon uns bereits der biblische Mythos von der Vertreibung aus dem Paradies erzählt: Seit Eva und Adam den Apfel vom Baum der Erkenntnis gegessen haben, wissen wir, was gut und was böse ist. Unser Gewissen ist die verinnerlichte Unterscheidungsinstanz und ermöglicht uns verantwortliches Handeln. Diese Unterscheidungs- und Entscheidungsfreiheit besitzen die Tiere nicht.

Im Gegensatz zu den Tieren sind wir Menschen unseren Trieben nicht vollständig ausgeliefert. Weil wir die Freiheit der Wahl haben, können wir schuldig werden und zwar an anderen, aber auch an uns selbst. In engen Beziehungen bleiben wir dem andern und uns selbst immer etwas schuldig, denn egal wie sehr wir uns bemühen: Das Leben kann uns nicht perfekt gelingen. Sobald eine Trennung im Raum steht, ist es das Dilemma, dass es eine Schuld geben kann, wenn wir uns trennen, aber auch eine Schuld, wenn wir bleiben. Falls wir bleiben, können wir versuchen, uns zu Treue und Respekt zu zwingen, nicht aber zur Liebe. Sie ist nicht verfügbar. Und falls wir sie verloren haben und trotzdem bleiben, enthalten wir sie dem anderen vor. Auch das kann Schuld sein. Und wenn wir uns dem Partner oder den Kindern zuliebe nicht trennen, kann mehr oder weniger verdrängt ein Dankbarkeitsanspruch entstehen: Wir hoffen unbewusst auf eine Gegenleistung für unser Bleiben, als ob die andern uns für unser Durchhalten Dankbarkeit schuldeten.

Anna kennt sich aus mit Schuldgefühlen: Ihre Kinder, ihr Mann, ihre Eltern, aber auch die Ehefrau ihres heimlichen Freundes müssten unter einer Trennung leiden. Darf sie ihnen das zumuten? Bei all ihren Überlegungen vergisst sie sich selbst – obwohl sie streng genommen nur Verantwortung für ihr eigenes Leben übernehmen kann. Sie bedenkt zu wenig, welcher Schritt für sie richtig wäre. Da erinnert sie einen Traum:

»Ich bin in einem lichtdurchfluteten Haus, mit großen Fenstern und vielen Zimmern, die noch unmöbliert sind. Es ist traumhaft schön und liegt an einem kleinen See. Plötzlich weiß ich, dass es meinem Freund gehört und ich sofort dort einziehen könnte. Die Szene wechselt und ich bin in einem anderen, kleineren Haus, es ist gemütlich, nicht ganz mein Geschmack, aber gar nicht so schlecht. Mein Blick fällt auf den Fußboden und ich weiß genau, dass der sofort entfernt werden muss. Das PVC ist abgenutzt, hässlich und muss durch einen Holzfußboden ersetzt werden. Dann dämmert mir, dass dies das Haus ist, in dem ich mit meinem Mann und den Kindern wohne.«

Wer Träume als Botschaften der Seele ernst nimmt, weiß sich bereichert durch ihre Bilder. Sie ergänzen häufig unsere bewusste Wahrnehmung und können uns auf bislang Ungesehenes aufmerksam machen. Das ist seit Urzeiten so, sagt der Hirnforscher Gerald Hüther.[6] Soweit wir überhaupt zurückdenken können, so Hüther, tragen Menschen innere Bilder in sich. Dabei wurden und werden diese Bilder über alle Menschheitsepochen hinweg gesammelt, unbewusst im kollektiven Gedächtnis der Menschen aufbewahrt und jedem Kind weitervererbt. Dieser ständig anwachsende, kulturell tradierte Schatz archetypischer Bilder ist ein Fundus an allen existentiell bedeutsamen Themen der Menschheit. Dazu gehören das Mütterliche, das Väterliche und das Kind, auch Geburt, Tod, der Lebensweg und vieles mehr. Solche archetypischen Bilder sind insbesondere bei der Bewältigung äußerer und innerer Krisen, ein Erfahrungspool, der uns erahnen lässt, was schon unsere Vorfahren wussten. Im Laufe unseres Lebens erweitern wir diesen inneren kollektiven Bildervorrat durch Bilder, die von unseren persönlichen Erlebnissen geprägt wurden. Allerdings ist uns immer nur ein Bruchteil all dieser Bilder bewusst. Es sind vor allem einschneidende oder ganz neuartige sowie erschütternde oder beglückende Erfahrungen, deren Bilder sich in unser Bewusstsein einprägen und uns dann kaum wieder aus dem Kopf gehen wollen.

Unbewusste innere Bilder tendieren grundsätzlich dazu, via Traum oder Phantasie ans Bewusstsein zu steigen, spätestens wenn unser inneres Gleichgewicht oder äußeres Leben aus den Fugen gerät. Warum fehlt manchen Menschen der Mut, sich ihre inneren Bilder in Träumen oder Phantasien anzuschauen? Wird in der Seele nur Verdrängtes oder Zweifelhaftes vermutet? Wertloses Chaos? Zweifelsohne gibt es innere Bilder, die uns ängstigen oder in Resignation stürzen lassen. Es gibt aber auch innere Bilder, aus denen wir Mut und Zuversicht schöpfen können und die uns helfen, uns wieder auf Neues einzulassen. Grundsätzlich ist immer beides vorhanden: Dunkles und Helles, fördernde und hindernde Aspekte. Annas Traum macht das deutlich. Die Traumsprache packt ihr Entscheidungsdilemma in das Bild von zwei Häusern. Sie symbolisieren die beiden alternativen Beziehungsräume und -welten. Erstaunlich ist, dass sie in beiden Häusern wohnen könnte. Beide Lebensentwürfe kommen für sie in Frage. Das erste, faszinierende Haus gehört ihrem heimlichen Freund und entspricht perfekt ihrem eigenen Geschmack. Allerdings ist es noch leer, wirkt fast unbewohnt, was nicht verwundert, denn die beiden verbringen bisher nur wenige Stunden miteinander. Falls sie ihre Familie verlassen und den Alltag mit ihm teilen würde, wären die Räume noch zu gestalten. Annas Familienhaus ist bescheidener, aber gar nicht so übel. Während sich Anna in der Realität noch hin- und hergerissen fühlt, hat sie im Traum eine Gewissheit: Der alte Boden im Wohnhaus muss raus. Das Fundament und die Bausubstanz des Hauses sind gut, aber es gibt Abnutzungserscheinungen, wie in vielen langjährigen Beziehungen.

Im Traum geht es für Anna noch nicht um die Entscheidung für oder gegen eine Trennung, sondern in einem ersten Schritt um eine Auseinandersetzung mit ihrem Ehemann. Könnten sie sich über das »Sanierungsbedürftige« in ihrer Beziehung auseinandersetzen und einigen? Wären sie und ihr Mann bereit, etwas Grundsätzliches zu erneuern? Falls Anna diesen Weg gehen will, braucht sie den Mut zur Offenheit. Ihr Mann müsste erfahren, dass in ihrer Beziehung etwas nicht mehr stimmt. Vor einem klärenden Gespräch muss Anna entscheiden, wie sie auf ihren Ehemann zugeht. Will sie nur ihre Unzufriedenheit in der Ehe und ihre Beziehungsprobleme mitteilen? Oder sollte sie auch den Mut zur Wahrheit haben? Ihm also reinen Wein einschenken über ihre Affaire?

Wer ein Geheimnis lüftet, beispielsweise eine Affaire zugibt, belastet den Partner. Seine Gefühle werden verletzt, er leidet, reagiert enttäuscht oder wütend. Es wäre nicht verwunderlich, wenn heftige Vorwürfe folgen würden. Sein Vertrauen wird schwer beschädigt oder sogar zerstört. Vielleicht kann er aber auch im Rückblick manches besser verstehen und ist gleichzeitig froh um die gewonnene Klarheit. Das Eingeständnis der Affaire kann entlastend sein, weil das anstrengende Versteckspiel nicht länger notwendig ist. Mit dem Ende des Verheimlichens steht man zudem moralisch wieder besser da, weil Ehrlichkeit als positiv gilt.

Wer nach Beendigung der Affaire die Beziehung neu beleben will, erwartet meist Verzeihung und erneutes Vertrauen. Man sollte sich jedoch ehrlich Rechenschaft darüber ablegen, ob es mutiger ist zu schweigen oder mutiger zu reden. Denn was ist der wahre Grund für die geplante Offenheit? Geht es wirklich darum, die Beziehung zu entwickeln, oder geht es einem nur um sich selbst und um die eigene egoistische Psychohygiene? Will man vom Partner Vergebung? Vergebung ist ein spirituelles bzw. religiöses Anliegen, das in den Beichtstuhl gehört – in einer Beziehung braucht es eine Klärung auf Augenhöhe.

Dem betrogenen Partner bleibt nichts anderes übrig, als dem anderen zu glauben, dass er die Affäre beendet hat. Das fällt schwer, und so wird er leicht zur Schnüffelei verleitet, wenn seine Eifersucht wächst oder sein Misstrauen unerträglich wird. Handys, Briefe oder Kilometerstände am Auto werden kontrolliert, um Beweise für die fortgesetzte Untreue zu finden. Wer aus Respekt vor dem Partner solche Nachforschungen unterlässt, wird immer wieder quälende Stunden der Ungewissheit erleben. Denn während Untreue prinzipiell beweisbar ist – beispielsweise durch ein kompromittierendes Foto –, kann es keine absolute Gewissheit über Treue geben, weil wir in der Regel nicht 24 Stunden miteinander teilen und eine lückenlose Überwachung nicht möglich ist. Sicherheit kann nur die Person haben, die fremdgeht oder eben nicht. Für sie ist die Situation geklärt, sie weiß, was sie tut.

Das Dilemma besteht darin, dass Wissen und Vertrauen von gegensätzlicher Natur sind, qualitativ völlig verschieden und unvereinbar wie Feuer und Wasser. Vertrauen schenken und etwas glauben bedeuten Nichtwissen. Wer unbedingt wissen will, sucht Informationen und Beweise. Wer glaubt, hat in der Regel keines von beidem. Betrogene Partner können in eine Falle geraten, wenn sie es nicht schaffen, wieder an die Treue des anderen zu glauben, und ihnen dieses fehlende Vertrauen zum Vorwurf gemacht wird.

Dann gelingt es nicht, gemeinsam unbeschwert weiterzuleben und die Vergangenheit hinter sich zu lassen. Der Betrogene ist jetzt doppelt bestraft, er muss nicht nur die Verletzung ertragen, sondern auch seine Unfähigkeit, darüber hinwegzukommen. Doch Vertrauen kann man sich nicht wie Wissen aneignen oder erwerben. Und wir können Vertrauen nicht einfordern, sondern nur erhoffen. Das bedeutet nicht, dass wir Misstrauen oder krankhafte Eifersucht fatalistisch ertragen sollen, aber wir sollten uns der Erkenntnis öffnen, wie steinig der Weg zu einem guten Neuanfang sein kann. Vertrauen wiederzugewinnen, ist vergleichbar mit einem zarten Pflänzchen, das bei guter Pflege langsam heranwächst.

In einem Ehekonflikt, wie ihn Anna erlebt, ist die Entscheidung – »gehen oder bleiben« – schwierig, weil beide Alternativen auf ihre jeweils eigene Art wertvoll sind. Anna hat nicht die Wahl zwischen einem großen Unglück und einem befreienden Neuanfang, sondern zwischen zwei verschiedenen Lebensentwürfen mit jeweils ähnlichen, aber anderen Höhen und Tiefen. Egal wie sie entscheidet, der jeweilige Verlust wird schmerzhaft sein.

Eine sorgfältige Abwägung, wie Anna sie auf sich nehmen muss, ist belastend und nervenaufreibend. Sich die nötige Zeit dafür zu nehmen, ist dabei kein Zeichen von Schwäche, sondern notwendig. Entscheidungen können zu früh, aber auch zu spät getroffen werden. Es bleibt eine Kunst, den richtigen Zeitpunkt – die alten Griechen sprachen hier vom »Kairos« – zu erkennen. Es ist wie mit Früchten: Man kann sie zu früh, zu spät oder genau dann ernten, wenn sie reif sind. Schritt für Schritt eine Entscheidung heranreifen zu lassen, ist sinnvoll, auch wenn das in unserer dynamischen Zeit unmodern scheint. Wie steht es mit dem Kairos bei Anna? Hat sie Angst, die Entscheidung zu fällen? Ist es schon zu spät? Die letzten Traumbilder sprechen noch nicht von der Entscheidung zu einer Trennung oder dagegen, sondern von einer Ehebeziehung, die geklärt werden will.

Kostbares ist relativ

Ein Gefangensein zwischen zwei Alternativen kann sich abrupt lösen, wenn wir in eine Notsituation geraten und alles in völlig neuem Licht erscheint. In der Not werden mutige Entscheidungen häufig leichter und schneller gefällt. Anders formuliert: Mut ist leichter mobilisierbar, wenn man an eine bedeutsame Grenze stößt.

Das kann beispielsweise eine lebensbedrohliche Erkrankung sein. Wenn ich etwa die Diagnose einer Krebserkrankung erfahre, werde ich unweigerlich mit der eigenen Endlichkeit konfrontiert. Der endgültige Abschied gerät in den Blick, wird realer, obwohl der Todeszeitpunkt weiterhin nicht feststeht und ich den Überlebenskampf dank der modernen Medizin durchaus gewinnen kann. Häufig taucht die Frage auf: Was habe ich noch zu erwarten, was kann ich noch gewinnen?

Spätestens wenn der Verlust des Lebens droht, wird es ernst, und es bleibt vielleicht nicht mehr so viel Zeit, das Erträumte, Versäumte oder Wichtige zu verwirklichen. Aufschieben geht nicht mehr. Diese bittere Erkenntnis kann zu Resignation führen, aber auch Flügel verleihen – Flügel, die es ermöglichen, mutig zu sich selbst zu finden und Entscheidungen zu treffen. Nach dem ersten Diagnoseschock wird die verbleibende Zeit kostbarer als je zuvor. Und wer nicht verzweifelt, spürt den Wunsch, sie aktiv, leidenschaftlich und mit Selbstachtung und Selbstfürsorge zu gestalten. Häufig muss das Gleichgewicht zwischen den eigenen Bedürfnissen und den Bedürfnissen nahestehender Menschen oder Kollegen neu gefunden werden.

Wenn Betroffene von der »Krise als Chance« sprechen, wird deutlich, wie wertvoll die erzwungene Bilanzierung des bisherigen Lebens sein kann. Schonungslos, wie es auch die Krankheit und der drohende Tod sind, wird nun abgerechnet, und es ist klar, dass zwar die Vergangenheit nicht mehr zu ändern, aber die Zukunft noch gestaltet werden kann. In gesundheitlichen Krisenzeiten fallen radikale, schmerzhafte Entscheidungen, die zu einschneidenden Veränderungen führen, leichter, weil wir in schwerer Krankheit anders auf unser Leben schauen, als wenn wir gesund sind. Die Beurteilung unserer persönlichen Lebenssituation beeinflusst aber wesentlich unsere Fähigkeit zu mutigen Entscheidungen. Je unsicherer und bedrohter unser Leben, desto geringer wiegen andere Verluste. Je sicherer und geordneter das Leben, desto größer sind Verlustängste. Verluste sind somit keine objektiven Größen, sondern haben vor allem subjektiven Charakter. Es kommt auf die Umstände und den Blickwinkel an. So ist das Wasser aus dem häuslichen Wasserhahn weniger kostbar als die gleiche Menge Wasser in der heißen Wüste. Das gleiche Stück Brot ist in einer Überflussgesellschaft weniger wert als im Krieg. Das Bild der Balkenwaage macht deutlich: Es kommt nicht auf eine Waagschale allein an, sondern der Vergleich beider Seiten ist entscheidend.

Egal wie wir es drehen und wenden, manchmal gefällt uns keine Alternative. In einer solchen Situation befindet sich Margarete: »Egal wie man es macht, es ist nicht richtig.« Margarete pflegt ihre 85-jährige Mutter, die verwitwet ist und im eigenen Bauernhaus lebt. Die Mutter will keine fremde Menschen um sich haben, weder darf eine Putzfrau noch eine Mitarbeiterin der Sozialstation ins Haus kommen. Deshalb unterstützt Margarete sie bei den täglichen Hausarbeiten und im Garten. Heftige Konflikte bleiben nicht aus, denn beide Frauen haben ihre jeweils eigenen Vorstellungen. Nach zwei Jahren ist Margarete zunehmend erschöpft und hin- und hergerissen zwischen ihrem Mitgefühl und dem Wunsch, endlich eine Pflegekraft einzustellen. Weil sich die Mutter bei ihren beiden anderen Töchtern über die ständige Einmischung seitens Margaretes beschwert, kracht es nun auch heftig zwischen den Geschwistern. Wenn Margarete klagt, wie unvernünftig und stur die Mutter doch sei, raten die Schwestern ihr zu mehr Toleranz und Gelassenheit. Margarete wird wütend, weil sich die beiden aufgrund ihrer beruflichen Belastungen sehr rar machen, von ihr die Pflege jedoch ganz selbstverständlich erwarten. Als sie ihr kurze Zeit später vorwerfen, dass die Mutter wegen ihr Herzprobleme habe, will Margarete nur noch weg, zumal die Mutter immer wieder lobend über die beiden Schwestern spricht, für sie selbst aber nur selten ein freundliches Wort findet. Doch was kann sie ändern und woher soll sie den Mut dazu nehmen?

Bei der Pflege von alternden Angehörigen und der Erziehung von Kindern gibt es vergleichbare Beziehungskonflikte. Vor allem alleinerziehende Mütter machen sich im Alltag unbeliebt, wenn sie das rechtzeitige Zubettgehen fordern, auf die Erledigung der Hausaufgaben bestehen oder andere Grenzen setzen. Da tut es besonders weh, wenn die Kinder nach einem Wochenendbesuch beim Vater freudestrahlend erzählen, was er alles erlaubt hat. Hier die böse Mama, dort der gute Papa, so kann der Vorwurf lauten. Doch ganz so einfach ist es natürlich nicht. Ja-Sagen kostet kaum Mühe und stellt kurzfristig alle zufrieden, weil es großzügig und antiautoritär ist, was häufig als positiv gilt. Wer Ja sagt, wird außerdem durch harmonische Gefühle belohnt. Nein-Sagen ist dagegen ziemlich anstrengend, zudem zeitraubend, denn es provoziert häufig Widerstand.

In der Erziehung Nein zu sagen erfordert den Mut zur Auseinandersetzung: Sobald unbequeme Forderungen gestellt oder Frustrationen zugemutet werden, ist ein Autoritätskonflikt im Raum. Autorität steht heute nicht mehr so hoch im Kurs wie in früheren Zeiten, sondern hat häufig einen negativen Beigeschmack. Wenn wir vor allem die negativen Aspekte von Autorität wie Machtmissbrauch, Unterdrückung oder Einschränkung im Blick haben, ist das kein Wunder. Aber Schwarz-Weiß-Malerei führt selten weiter, denn Autorität ist weder nur negativ noch nur positiv. Es kommt immer darauf an, wer sie wie und wann einsetzt. Vielleicht erinnern Sie aus Ihrer eigenen Schulzeit, dass die strengen aber gerechten Lehrer, im Nachhinein betrachtet, häufig die besseren waren. Sie wurden respektiert, weil sie Disziplin forderten und für ihre Überzeugung eingestanden sind. Das gab Orientierung und Halt, und Lernfortschritte wurden möglich. Es lohnt also der Mut, sich unbeliebt zu machen, und wenn wir Auseinandersetzungen nicht automatisch negativ erleben würden, sondern als selbstverständliche Elemente unsere Beziehungen betrachteten, bräuchte es dafür auch gar keinen Mut. Das Einstehen für die eigenen Überzeugungen in der Erziehung von Kindern und der Mut zur Dissonanz beweisen Stärke und machen Kinder stark. Gerade weil wir nie hundertprozentig wissen können, was im jeweiligen Moment ganz »richtig« oder »falsch« ist, bedeutet es ein Wagnis, Grenzen zu setzen.

Zweifel und Schuldgefühle bedrängen Eltern umso stärker, je unterschiedlicher die Rollen sind, die sie einnehmen, wie das vor allem bei Alleinerziehenden der Fall ist. Der strengere Teil hadert dann mit seinem Schicksal und wünscht sich eine gerechtere Aufteilung zwischen dem »guten« und »bösen« Part. Doch falls Kinder mit einem Elternteil nur die Wochenenden und Ferien verbringen, ist das nicht zu erreichen. Die Freizeit bietet im Vergleich zum Alltag immer mehr Möglichkeiten, nach Lust und Laune zu leben. Daran ist nicht zu rütteln. Diese Ungerechtigkeit kann nicht gelöst, sondern nur ertragen werden. Wer den Alltag teilt, kann aber versuchen, die gemeinsamen glücklichen Momente bewusster zu genießen, und sich bemühen, auf die Illusion zu verzichten, dass die typischen Reibereien ausgemerzt werden könnten.

Ähnliche Probleme können bei der Pflege von Eltern auftauchen. Davon kann Margarete ein Lied singen. Täglich kämpft sie mit ihrer gebrechlichen Mutter, die verständlicherweise wie früher selbstbestimmt ihr Leben gestalten will und der Einmischung ein Gräuel ist. Aber wie viel Freiraum ist angemessen und wann sind Einschränkungen notwendig? Soll Margarete die schwer osteoporosekranke Mutter noch Fahrrad fahren lassen? Und wie viel Hygiene soll sie in Bezug auf die Inkontinenz einfordern, auch wenn die Mutter sich vehement dagegen sträubt? Muss sie die Mutter regelmäßig zum Trinken ermahnen, obwohl sie selten durstig ist? Wie viel Vernunft darf also sein, wie viel Lebensqualität und Eigensinn dabei eingeschränkt werden? Müde von den anstrengenden Auseinandersetzungen will Margarete die Mutter manchmal einfach machen lassen, schließlich ist sie ja erwachsen und selbstverantwortlich. Aber bei diesem Gedanken regt sich ihr schlechtes Gewissen. Sie würde es sich nicht verzeihen, wenn der Mutter durch ihre, Margaretes, Nachlässigkeit etwas zustoßen würde.

Weder vollständige Nichteinmischung noch radikale Bevormundung sind die Lösung, beides wäre zu einseitig. Es ist grundsätzlich schwierig, für gebrechliche Menschen stellvertretend Entscheidungen zu fällen und Verantwortung zu übernehmen. Schwierig, weil sich die eigenen Maßstäbe nicht zwangsläufig mit denen der anderen Person decken. Schwierig, weil man selbst noch nicht pflegebedürftig war und deshalb nicht aus Erfahrung, sondern theoriegeleitet entscheidet. Da kann man sich leicht irren, was im hohen Alter das Wesentliche und Wertvollste ist. So baten Kinder ihren 87-jährigen krebskranken Vater, sich doch mehr zu schonen, anstatt noch täglich in der Schreinerei des Nachbarn mitzuhelfen, worauf der alte Mann nüchtern entgegnete: »Es macht keinen Sinn, mich für den Sarg zu schonen!«

Wenn Geschwister sich in unterschiedlichem Ausmaß um ihre alten Eltern kümmern, können leicht Rivalitätskonflikte entstehen, wie bei getrennt lebenden Eltern. Kinder, die sich rar machen und vielleicht zweimal jährlich zu Besuch kommen, werden manchmal mit Lob und Zuwendung geradezu überschüttet. Kein Wunder, denn alles Seltene hat hohen Wert. Was permanent verfügbar ist, wird leicht banal oder nur noch wenig geschätzt. Alte Eltern malen sich in ihrer Phantasie manchmal aus, wie wunderbar es wäre, wenn die weit entfernt lebenden Kinder ständig um sie herum sein könnten, nichtsahnend, dass sich diese positiven Projektionen rasch in Luft auflösen würden, wenn der Alltag geteilt werden müsste. Auf einen abwesenden Menschen können wir das Beste, aber auch das Schlechteste projizieren, weil wir keine Gelegenheit zur Korrektur haben. Nur wenn wir die Möglichkeit haben, den anderen hautnah zu erleben, mit allen seinen Stärken aber auch Schwächen, wird unser Phantasiebild zerbröckeln und eine realistischere Wahrnehmung möglich. Obwohl Margarete diese Zusammenhänge kennt, ist es jedes Mal eine bittere Erfahrung, wenn ihre Mutter in höchsten Tönen vom Besuch der Schwestern schwärmt. Sie kommt sich dann vor wie ein abgenutzter Putzlappen, zumal die Schwestern nie ein echtes Dankeschön über die Lippen bringen, aber mit guten Ratschlägen nicht geizen.

Die fehlende Wertschätzung quält. Manchmal wird sie der pflegenden Person seitens der Angehörigen vorenthalten, weil sie sonst ihre eigenen Schuldgefühle nicht länger verdrängen, sondern eingestehen müssten. Über die ungleiche Belastung müsste offen geredet und verhandelt werden. Das ist heikel, denn in unserer Gesellschaft ist es üblich geworden, Wertschätzung mit Geld zum Ausdruck zu bringen. Und manche Angehörige sind zu geizig, eine Pflege angemessen und nicht nur mit Almosen zu entlohnen. Was aber nichts kostet, ist scheinbar nichts wert. Es ist aber nur ein schäbiger Selbstschutz, ganz selbstverständlich von einer anderen Person Pflege für Gottes Lohn einzufordern, weil man dies aufgrund äußerer Umstände selbst nicht leisten kann.

Was können Margarete und Menschen in ähnlich schwierigen Situationen tun? Es geht für sie darum, die unüberbrückbaren Differenzen zu nutzen, um herauszufinden, was für sie ganz persönlich stimmig ist. Den Mut zu schöpfen, es nicht nur den anderen, sondern zunächst sich selbst recht zu machen. Ohne einen solchen Schritt gibt es keine Individuation.[7]

Selbsterkenntnis wagen

Mit Individuation umschreibt C.G. Jung einen Entwicklungsprozess, bei dem wir im Laufe des Lebens immer mehr zu der Person werden, die wir sind. Dabei geht es darum, echter, ehrlicher und somit zunehmend stimmiger das ganz persönliche Wesen zu entfalten. Jung hat diesen menschlichen Entwicklungsprozess häufig mit dem Wachstum eines Baumes verglichen.[8] Ausgehend von diesem Bild, können wir uns fragen, welche Baumsorte oder Pflanze am ehesten unserer Wesensart entspricht. Wäre der Vergleich mit einem Rittersporn, einem Farn, einer Linde passend, oder ist etwas ganz anderes treffend? Falls es eine Analogie gibt, kann man überlegen, unter welchen Bedingungen sich diese Pflanze besonders wohlfühlt und gut entwickeln würde. Manche Pflanzen benötigen Schatten, andere pralle Sonne, um zu gedeihen. Einige wollen frei als Solitär stehen, andere, wie die Küchenschelle, bevorzugen es, in kleinen Gruppen zu wachsen.

So vielfältig wie die Pflanzenwelt sind die unterschiedlichen menschlichen Anlagen und die sich daraus ergebenden Bedürfnisse. Aber während aus einer Eichel nur eine Eiche und keine Rose herauswächst, versuchen manche Menschen, etwas zu leben und zu werden, was sie gar nicht sind. Bildlich gesprochen würde ein solcher Mensch versuchen, die Natur zu überwinden oder zu überlisten, um etwas zu werden, was nicht in ihm angelegt ist. Den meisten bekommt das aber nicht gut, es führt vielmehr zu einem einzigen Kampf, der umso anstrengender und frustrierender wird, je mehr man sich von seiner eigenen Natur zu entfernen sucht. Wer dagegen im Individuationsprozess konsequent nach sich selbst fragt, steuert einer solchen Entfremdung entgegen.[9]

Diese Selbstfindung gelingt dem Menschen durch eine bewusste Beziehung und sorgfältige Auseinandersetzung mit seiner inneren Welt, die sich in Phantasien, Gefühlen, Wünschen oder Träumen zeigt. Selbsterkenntnis gewinnen wir aber nicht allein im stillen Kämmerlein, sondern genauso innerhalb unserer Beziehungen mit Menschen und der Beschäftigung mit der äußeren Welt. Nicht nur wichtige Träume, sondern auch Bücher, Begegnungen oder eindrückliche Erlebnisse können ein Spiegel sein und uns zur Auseinandersetzung mit uns selbst anregen. Je mehr Facetten wir dabei von uns selbst kennenlernen und als zugehörig erleben, desto weniger Illusionen können wir uns über uns machen, und zwar im Guten wie im Schlechten: Wir sind manchmal gar nicht ganz so schlecht, wie wir bisher meinten, aber auch nicht ganz so toll, wie wir es gerne hätten.

Sich einer solchen Desillusionierung zu stellen, also den Weg der Selbsterkenntnis zu beschreiten, braucht Mut. Denn nicht nur das Bild über uns selbst wird differenzierter, sondern auch unsere Wahrnehmung der anderen Menschen. Es gelingt weniger, unsere verpönten oder »schlechten« Eigenschaften allzu sehr zu bagatellisieren und gleichzeitig die der anderen lauthals anzuprangern. So heißt es schon in der Bibel: »Aber was siehst du den Splitter, der im Auge deines Bruders ist, aber den Balken, der in deinem eigenen Auge ist, nimmst du nicht wahr?« (Lk 6,41) Eine solche Selbsterkenntnis führt auch zu einer bewussten Auseinandersetzung mit gesellschaftlichen Normen und Werten, denen wir uns häufig unhinterfragt anpassen. Dies verhindert, dass wir das leben, was wir eigentlich wollen. Erst wenn wir diese Verhaltensmuster hinterfragen, können wir uns davon abgrenzen und mehr Selbstbestimmung und Freiheit wagen.

Mutig Nein sagen

Für Rivalitätskonflikte, wie Margarete sie erlebt, bedeutet das, nach den Hintergründen von selbstlosem Verhalten zu fragen. Würde sie sich schuldig oder schwach fühlen, wenn sie sich weniger kümmern würde? Gibt sie ihre Unterstützung freiwillig, weil es ihr ein echtes Bedürfnis ist, oder wagt sie es nicht, sich einer erwarteten Rolle zu widersetzen? Margarete erlebte sich seit ihrer Kindheit als schwarzes Schaf der Familie und hoffte, nun durch die Pflege der Mutter endlich rehabilitiert und anerkannt zu werden. Dabei hat sie in Kauf genommen, mehr zu leisten, als es ihre Kräfte erlauben und als sie wirklich möchte. Sie wollte etwas zurechtrücken, was aber nicht gelang, denn Mutter und Schwestern blieben ihr den erhofften Dank schuldig.

Wenn wir den Mut besitzen, solche mehr oder weniger unbewussten Hintergründe unverblümt zu klären, können wir mit neuen Impulsen manche verhärtete Fronten in Beziehungen aufbrechen. Da wir aber nicht die anderen, sondern höchstens uns selbst ändern können, müssen wir, ob wir wollen oder nicht, unsere eigene Einstellung verändern. Wenn wir andere tatkräftig unterstützen oder entlasten, ist es zwar angemessen, ein Dankeschön zu erwarten, doch das wird uns manchmal vorenthalten. Solche offene Rechnungen vergiften Beziehungen, weil wir uns gegenseitig immer wieder Erwartungen und Ansprüche vorhalten. Ein Ausstieg daraus ist möglich, wenn wir nur das geben, was wir wirklich verkraften können und gerne geben. Dann beginnen wir zu schenken. Ein echtes Geschenk lebt davon, dem anderen eine Freude zu bereiten, und braucht keine Gegenleistung, im Gegenteil, denn dann wäre es nur ein Geschäft. Aber derart schenken können wir nur manchmal, wir sollten das nicht von uns selbst einfordern. Es wäre aber falsch, wenn der Eindruck entstehen würde, dass Geben und Nehmen in Beziehungen grundsätzlich problematisch ist. Es vertieft sie häufig, weil wir gegenseitige Unterstützung erfahren.

Was für das Geben gilt, können wir auch auf das Nehmen anwenden. Wenn wir in einer Not nur das annehmen, was wir tatsächlich brauchen, machen wir uns nicht bedürftiger und hilfloser, als wir wirklich sind. Menschen, die beleidigt reagieren, wenn andere ihre Hilfe ablehnen, sollten bedenken, dass eine solche Zurückweisung häufig dazu dient, die eigene Selbstachtung zu wahren. Dadurch kann sich der Gebende zwar als weniger stark, aber der Nehmende auch als weniger schwach erleben. Sich abgrenzen zu dürfen bewirkt, dass das Ungleichgewicht zwischen einem Helfer und einem Hilfsbedürftigen sich nicht aufbläht und die Dankesschuld nicht unnötig vergrößert wird. Und es gibt keine Rechnung: Dem einen steht nicht soundso viel Dank zu und der andere muss nicht soundso viel Dank geben. Das kann letztlich beide Seiten entlasten.

In einer Beziehung äußert meist nur eine Seite ihre Unzufriedenheit. Der andere ist dann zunächst gekränkt oder enttäuscht und die Harmonie bedroht. Man kann aber Menschen nicht nur Harmonie, sondern auch Disharmonie vorenthalten. Hier geht es um den Mut, da, wo es keine Harmonie gibt, den Schmerz der Disharmonie zu ertragen, sich also abzugrenzen und schlimmstenfalls auch ein Stück Einsamkeit zu erfahren. Das ist manchmal der Preis dafür, wenn wir ehrlicher mit uns selbst sind, uns selbst mehr achten und dadurch weniger an uns selbst schuldig werden. Das Eintreten für sich selbst und die damit verbundene Abgrenzung kann zum Beziehungsbruch führen, aber auch zu einer ehrlicheren Basis, besseren Beziehungsqualität und lebendigerem Umgang miteinander. Solche offenen Auseinandersetzungen in Beziehungen werden uns nicht ständig gelingen; es wäre wohl eine Überforderung das verwirklichen zu wollen. Wer aber ganz auf sie verzichtet, läuft Gefahr, belastende Verstrickungen endlos fortführen.

Die Zukunft ist immer unsicher

Wer vor etwa 25 Jahren eine Lebensversicherung abgeschlossen hat, um in nächster Zeit seine Hypothek für die Eigentumswohnung abzulösen, ist enttäuscht oder sogar verzweifelt: Der prognostizierte Gewinn wird nicht erreicht werden; es klafft eine Finanzierungslücke. Die damalige Hochrechnung basierte auf den vergangenen Entwicklungen und hat die unvorhergesehene Finanzkrise nicht berücksichtigt. So erfahren wir schmerzlich, wie wir uns manchmal auf Vorhersagen von Experten verlassen, die im Nachhinein betrachtet nicht das Hochglanzpapier wert sind, auf dem sie gedruckt wurden. Wir Menschen möchten oder müssen unsere Zukunft planen, obwohl wir sie prinzipiell nicht kennen können. Diese Ungewissheit ist störend und kann sogar Angst machen. Können wir angesichts dieser Unkenntnis überhaupt gute Entscheidungen für die Zukunft treffen? Mit anderen Worten: Auf welche Parameter, Daten oder Fakten sollten wir uns sinnvollerweise verlassen und sie deshalb berücksichtigen? Manchmal lernen wir das durch unsere Fehlentscheidungen.

So hatte die 45-jährige Susanne vor vier Jahren in ihrer Heimatstadt Berlin eine kleine Altbauwohnung geerbt, die sie liebevoll renovieren ließ. Da sie aus beruflichen Gründen damals in Süddeutschland lebte, vermietete sie die Wohnung an eine junge Beamtin. Überglücklich trat sie vor sechs Monaten eine neue Stelle in Berlin an und hatte ihrer Mieterin wegen Eigenbedarf gekündigt. Alles lief reibungslos, bis Susanne zur Wohnungsübergabe kam. Im Schlafzimmer waren zwei riesige Schimmelflecken an der Wand, der teure Parkettboden war beschädigt und das Badezimmer verwahrlost. Susanne war fassungslos und ärgerte sich über ihre Entscheidung, dieser Frau ihre Wohnung gegeben zu haben. Damals hatte sie unter den verschiedenen Bewerbern diese Frau gewählt, weil sie ein regelmäßiges und sicheres Einkommen bezog. Allerdings war ihr die Frau bereits damals sehr unsympathisch gewesen, was sie aber zugunsten der finanziellen Sicherheit zur Seite geschoben hatte.

Susannes Verhalten ist nicht so selten: Ein inneres, meist unerklärliches Gefühl wird beiseitegewischt und bei einer Entscheidungsfindung nicht berücksichtigt. Oft sind aber gerade diese inneren Stimmen, Bilder oder Intuitionen sehr wesentlich, und wir täten gut daran, sie mit einzubeziehen. Vor allem in Herzensangelegenheiten – wie bei der Wohnung, die Susanne sehr viel bedeutet – können und sollten wir die Stimme des Herzens nicht missachten. Das bedeutet nicht, dass Susanne lieber auf eine zuverlässige Zahlung der Miete hätte verzichten sollen, das wäre eine andere, genauso unvorteilhafte Einseitigkeit. Als Entscheidungsgrundlage braucht es vielmehr ein ausgewogenes Verhältnis von Verstand, Logik auf der einen Seite und Gefühl bzw. Intuition auf der anderen. Doch uns fehlt manchmal – wie bei Susanne – der Mut, Gefühle oder Intuitionen bei Entscheidungen zuzulassen, obwohl sie robuste Parameter sein können.

Vieles mag für unsere Ablehnung eine Rolle spielen: Gefühle und Intuitionen sind oft rätselhafter als Zahlen oder sogenannte harte Fakten. Sie sind nicht zu erklären und kommen einfach ungerufen. So erinnert sich Rita, wie sie sich vor Jahren regelrecht körperlich ekelte, ihrem zukünftigen Chef die Hand zu geben. Irritiert riss sie sich zusammen und ließ sich nichts anmerken. Innerlich schimpfte sie mit sich selbst, weil sie den Mann als charmant und höflich erlebte. Das, was sie äußerlich wahrnahm, deckte sich nicht mit ihrer inneren Wahrnehmung. Zwar konnte sie diese überhaupt nicht einordnen, aber sie hatte trotz der Rätselhaftigkeit den Mut, sie ernst zu nehmen und blieb ihm gegenüber distanziert und zurückhaltend. Ein Jahr später wurden kriminelle Machenschaften des Mannes aufgedeckt. Erst im Rückblick gewann Rita Sicherheit, konnte ihre zunächst merkwürdige Wahrnehmung als Intuition einordnen und war erleichtert, nicht verrückt zu sein. Dieses Erlebnis war ihr so eindrücklich, dass sie ihre Umgebung ermutigte, zukünftig besser auf Intuitionen zu achten, selbst wenn es lange dauern kann, bis sie verstanden werden.

Bis dies der Fall ist, sind Zweifel berechtigt, weil man erst nach einem bestätigenden Ereignis das innere Erleben zuverlässig deuten und somit objektivieren kann. So hat C. G. Jung von einer Patientin erzählt, die nicht nur an jahrelangen Depressionen, sondern auch einer merkwürdigen Phobie vor Paris gelitten hat.[10] Von der Depression sei sie befreit worden, die Angst vor Paris habe sich aber als unzugänglich erwiesen. Die Frau habe sich aber allgemein so wohlgefühlt, dass sie ihre Angst ignorierte und eines Tages nach Paris fuhr. Am Tag nach ihrer Ankunft sei sie dort durch einen Autounfall ums Leben gekommen. Erst der tragische Unfall hat ermöglicht, die Angst vor Paris nicht als krankhaftes Symptom, sondern als Intuition zu verstehen. Das Unbewusste hat die Gefahr geahnt, könnte man sagen. Manchmal scheint die Seele ganz real etwas über zukünftige schicksalhafte Ereignisse zu wissen. Wäre die Frau niemals nach Paris gefahren, hätte man nie den warnenden Charakter ihrer Angst erkennen können.

Natürlich will nicht jeder einen Zusammenhang zwischen der Phobie und dem Unfall gelten lassen. Und in der Tat, letztlich ist er nicht beweisbar. Für den einen ist er stimmig, für den anderen zu gewagt. Es ist nicht objektiv beweisbar, man kann es glauben oder nicht. Bei der Deutung von inneren Empfindungen bleibt immer diese Restunsicherheit. Deshalb braucht es Mut, persönliche Ahnungen oder Stimmungen zu berücksichtigen, besonders beim ersten Mal. So hatte Barbara im siebten Monat ihrer ersten Schwangerschaft eines Morgens die Ahnung, ihr Baby sei ein Junge. Sie beschrieb ihrem Partner, wie dieser Gedanke plötzlich aus dem Bauch aufgestiegen sei. Sie war felsenfest von der Richtigkeit ihrer Eingebung überzeugt und plädierte dafür, nur noch männliche Namen für das Kind zu suchen. Alle folgenden Ultraschalluntersuchungen fielen jedoch gegenteilig aus und bestimmten übereinstimmend ein weibliches Geschlecht des Ungeborenen. Barbara war enttäuscht: War sie von einer bloßen Wunschphantasie an der Nase herumgeführt worden? Kannte sie sich in der inneren Welt so wenig aus? Erst mit der Geburt ihres Sohnes wusste sie eindeutig, dass sich die Technik geirrt hatte und ihre Intuition verlässlich war. Wer schon einmal den Unterschied zwischen Wunschphantasien und seiner Intuition erlebt hat, weiß, auf was er sich verlassen kann, und wird in Zukunft kaum zögern, sie in Entscheidungen einzubeziehen. Doch wie sehr auch immer man sich um eine gute Entscheidung bemüht – letztlich wird immer im Dunkeln bleiben, ob die andere Wahl die bessere Entscheidung gewesen wäre. Die verpasste Alternative ist nur noch in der Phantasie, aber nicht mehr real greifbar. Interessanterweise neigen viele Menschen dazu, die entgangene Möglichkeit mit positiven Phantasien zu belegen. Das nicht Gewählte erscheint als das verpasste Glück, sei es im Beruf, in der Liebe oder in finanziellen Angelegenheiten. Merkwürdigerweise gehen wir viel seltener davon aus, dass wir das größere Übel gemieden haben könnten.

Auch in Träumen wird gelegentlich Zukünftiges erahnt

Nicht nur ein Bauchgefühl oder die Intuition können uns mehr oder weniger verschlüsselt etwas zur Zukunft sagen, auch Träume haben manchmal prospektiven Charakter, äußern sich also vorausschauend. Das hat Christian, ein 30-jähriger Betriebswirt, erlebt. Er will Karriere machen, und mit seinen hervorragenden Referenzen hat er auch gute Chancen auf eine leitende Stelle in einem internationalen Konzern. Das Vorstellungsgespräch verläuft sehr positiv, und der Personalchef drängt ihn, bereits am nächsten Tag seinen alten Chef über den Wechsel zu informieren, um eine vorzeitige Kündigung auszuhandeln. Voller Vorfreude auf die neue Herausforderung malt sich Christian auf der Heimfahrt seine Zukunft aus. Bei dem Gedanken an das Gespräch mit seinem Chef ist ihm allerdings nicht ganz wohl. Die Kündigung käme ihm derzeit sicher nicht gelegen. In der folgenden Nacht träumt Christian:

»Ich bin in einem Bus unterwegs, sitze am Fenster und beobachte die Gegend. Es ist ein angenehmer Sommertag. Wir fahren in eine Stadt, und ich sehe die Konzernzentrale, in der mein zukünftiges Büro sein wird. Der Bus hält nicht an der Haltestelle, sondern fährt dran vorbei. Ich kann nicht aussteigen, das verwundert mich. Ohne Halt fährt der Bus weiter geradeaus, direkt auf einen Hügel zu, dessen Kuppe ganz in hellem Nebel liegt. Dort ist die nächste Haltestation und das Ziel.«

Als sich Christian morgens an den Traum erinnert, hat er keine Zeit, lange darüber nachzudenken. Aber instinktiv spürt er eine innere Zurückhaltung und beschließt spontan, das Gespräch mit seinem Chef zu verschieben, um vorher nochmals den Personalchef seines neuen Arbeitgebers anzurufen. Erst am nächsten Morgen erreicht er den Verantwortlichen und erfährt, dass er die versprochene Stelle nun doch nicht bekommen wird. Christian ist nicht wirklich überrascht, irgendwie hat er es gewusst, man könnte auch sagen, der Traum hat ihn vorausschauend darauf vorbereitet.

Wie kann das sein? Im Alltag nehmen wir nur die eindrücklichsten Informationen und Erlebnisse bewusst war, der andere, weit größere Teil wird lediglich unterschwellig registriert und gespeichert. Träume können aber auf diese unterschwelligen Wahrnehmungen, Gedanken, Gefühle sowie auf Vergessenes zurückgreifen und all dies mit bewussten Erfahrungen auf spielerische Art und Weise kombinieren. Sie sind nicht allein auf bewusstes

Material angewiesen, sondern haben diese zweite, verborgene Quelle. Diese breitere Wissensbasis der Träume erklärt, warum Träume dem alleinigen Urteil des Bewusstseins überlegen sein können. Wenn Christian im Traum unterwegs ist, aber an dem geplanten zukünftigen Arbeitsort vorbeifährt, einem noch unbekannten Ziel entgegen, steht das in Widerspruch zur bekannten Realität. Wenn es einen solchen unerklärlichen Kontrast zwischen Traum und Wirklichkeit gibt, lohnt sich meist ein genaueres Hinsehen und Abwarten, bis die Situation klarer wird. Bei Christian war bereits einen Tag später offensichtlich, dass der Traum tatsächlich die unerwartete Absage vorweggenommen hatte.

Wir tun allerdings gut daran, die vorausschauende Möglichkeit von Träumen nicht zu überschätzen, weil wir nie sicher wissen, wie konkret Trauminhalte gedeutet werden können. Träume sprechen eine symbolische Sprache und sind vor allem metaphorisch zu verstehen. So erinnerte Christian auch einen Traum mit einem dramatischen Absturz des deutschen Aktienindex DAX ins Bodenlose. Er nahm den Traum wörtlich und verkaufte wenige Tage später sein gesamtes Aktiendepot. Viele Monate später dämmerte ihm, dass der Traum ihm nichts über die äußere Realität erzählt hatte – der Aktienkurs hatte gar nicht diesen dramatischen Kursverlauf genommen –, sondern einen bevorstehenden Zusammenbruch seiner inneren Kraftreserven thematisierte.

Wenn wir also morgens mit dem Gefühl aufwachen, dass ein Traum etwas Zukünftiges ins Bild gebracht hat, ist – genau wie bei bewussten Prognosen – eine gute Portion Umsicht notwendig. Träume sind keine Gleichungen, die restlos aufgehen. Falls sich der Sinn ihrer Bilder nicht unmittelbar erschließt, beeinflussen die darin auftauchenden Tiere, Wesen und menschlichen Gestalten als Mitbewohner des Seelenraumes unsere Stimmung. Wenn wir entscheiden, sie zu beachten, ist das nichts anderes als ein Beziehungsangebot mit uns selbst. Je freundschaftlicher wir mit unseren Traumbildern umgehen, desto freundschaftlicher sind wir uns selbst gegenüber eingestellt. Und genau so, wie wir auch Freunde nicht immer verstehen, manchmal über sie den Kopf schütteln oder irritiert reagieren, so kann es uns auch mit unseren Traumbildern gehen. Ratlosigkeit ist nicht ungewöhnlich. Gerade dann kann es gut tun, seinen Traum jemandem zu erzählen. Gemeinsam werden manchmal neue Ideen gefunden, die eine Brücke zum Verständnis bilden.

In die Zukunft sehen

Wenn es um relevante Entscheidungen für die Zukunft geht, verlassen sich Menschen nicht gerne ausschließlich auf sich selbst, zu groß ist oft die Angst, etwas falsch zu machen. Vielleicht boomen auch deshalb der Beratermarkt und die Trendforschung. Um Licht ins Dunkel der verschleierten Zukunft zu bringen, hat es wohl in allen Kulturen Berater, Orakel und Wahrsager gegeben. Auch in unserer Zeit ist das Interesse groß. Dies wurde vor ein paar Jahren besonderes deutlich, als sich unmittelbar nach dem Terroranschlag auf das World Trade Center am 11. September 2001 die Hitliste der zehn meistgesuchten Begriffe im Internet völlig veränderte. Zum ersten Mal in der Geschichte des Internets wurde der Begriff »Sex« von den ersten zehn Rängen verdrängt – zugunsten von »Nostradamus«! Kein Stichwort wurde häufiger eingegeben. Offensichtlich wollten die Menschen in diesen beängstigenden Zeiten erfahren, ob jener berühmte französische Astrologe des 16. Jahrhunderts die brutalen Terroranschläge vorausgesagt hatte. In allen Epochen haben zukunftsweisende Orakel jedoch nur in seltenen Fällen eine klare Sprache gesprochen. Sie haben vielmehr vor allem Rätsel aufgeben, und so war die Deutung der Zeichen in der Regel eine unsichere, schwierige Angelegenheit. Ratsuchende waren einer Interpretation ausgeliefert, weil sie die Entschlüsselung in der Regel nicht überprüfen konnten.

Doch das Bedürfnis nach Gewissheit über die Zukunft ist ungebrochen groß, und deshalb nutzen auch heute viele Menschen sehr alte Divinationstechniken wie Astrologie, Tarot, das chinesische I Ging[11] oder suchen Rat bei medial begabten Menschen. Das stößt in der Wissenschaft meist auf Ablehnung und gilt als Aberglaube. Doch während sie diese Methoden verwirft, ist sie selbst fasziniert vom Blick in die Zukunft und entwickelt ihre eigenen Vorhersagemethoden, die wir Laien auch nur glauben können. Aktuelle, wissenschaftlich fundierte Trendanalysen und Prognosen, dargestellt in Kurven und Grafiken, kann man durchaus als Rivalen der alten religiösen Praktiken einordnen und als moderne Prophezeiungen[12] verstehen. Im Gegensatz zu den antiken Orakeln sind sie in unserer säkularen Welt gesellschaftlich anerkannt. Allerdings erweisen auch sie sich wie ihre Vorgänger weder resistent gegen falsche Interpretationen noch gegen ihren Missbrauch durch Scharlatane oder Beutelschneider. Mit den alten Methoden haben sie eine weitere Gemeinsamkeit: All diejenigen, die auf welche Art auch immer Zugang zur Zukunft haben, sind mächtig, denn zu wissen, was kommen wird, ermöglicht es, vorteilhaft zu handeln.

Moderne, rationale Wahrsagerei wird auch mit der Entschlüsselung des genetischen Codes versucht, da sie angeblich erlaubt »vorherzusagen«, ob ein Mensch gewisse Krankheiten bekommen wird. Entsprechend wird man versuchen, die Anlage für bestimmte Begabungen, kriminelle Neigungen oder sexuelle Vorlieben in den Genen zu finden. Der Mensch, sein verborgenes Schicksal, soll »gläsern« und jegliche Unsicherheit über ihn beseitigt werden. Ich selbst bin davon überzeugt, dass die DNA Orakelqualität besitzt und deshalb keine einfachen, sondern nur mehrdeutige Botschaften geben kann. Bereits Marie-Louise von Franz[13] hat darauf hingewiesen, wie nah verwandt der genetische Code und die Struktur des I Ging sind, und so könnte die DNA analog zu den Hexagrammen des I Ging als Symbol einer jeweiligen Schicksalskonstellation gedeutet werden. Wir werden an ihr – abgesehen von gewissen Erbkrankheiten – lediglich Möglichkeitsräume ablesen können, aber keine starr festgelegten Eigenschaften oder Ereignisse. Je komplexer und komplizierter die Fragestellungen, desto weniger Menschen werden die Weisheit besitzen, die Botschaft der Basenpaare eines Gens zu übersetzen und zu deuten. Versuchen werden es aber viele, weil in der Regel kein lukratives Geschäft ausgelassen wird.

Wenn noch heute sehr viele Menschen ihr zukünftiges Schicksal mit Hilfe von Astrologie oder anderen Wahrsagetechniken ergründen wollen, dann auch deshalb, weil sie damit positive Erfahrungen gemacht haben oder bereits auf stimmige Aussagen vertrauen konnten. Auch der Dalai-Lama hält an der jahrhundertealten Befragung des Nechung-Orakels[14] fest, weil er im Rückblick immer wieder die Richtigkeit des Orakels feststellen konnte.[15] Den rationalen Skeptikern aus dem Westen, aber auch fortschrittlich orientierten Tibetern, die diese scheinbar rückwärtsgewandte Tradition in Frage stellen, gibt er zu bedenken, dass er Entscheidungen niemals allein aufgrund von Weissagungen des Orakels fällt. Immer befragt er auch sein Kabinett und sein eigenes Gewissen, bevor er seine politischen Entscheidungen trifft. Seine Haltung verdeutlicht, wie wir verantwortungsvoll mit Vorhersagen aller Art umgehen sollten. Im besten Fall kann die Mitteilung durch ein Orakel inspirieren und zur Auseinandersetzung mit der Meinung anderer Menschen sowie den Bildern und Gefühlen in der eigenen Seele animieren. Wer die Aussage von Orakeln auf diese Weise kritisch überprüft, um dann bewusst und selbstverantwortlich eine eigene Entscheidung zu fällen, erliegt nicht der Gefahr, einseitig irrational zu werden.

Grundsätzlich macht es keinen Unterschied, ob es um das Orakel von Delphi, Astrologie oder um moderne wissenschaftliche Vorhersagen geht: Jeder weissagende Berater – ob er offiziell anerkannt ist, entscheidet der Zeitgeist – kann seine Macht für die eigenen finanziellen oder persönlichen Interessen missbrauchen. Wenn ein ratsuchender Mensch also unkritisch und unhinterfragt alle Prognosen glaubt, kann er erhebliche finanzielle oder persönliche Nachteile erleiden bzw. in eine gefährliche Abhängigkeitsbeziehung rutschen, weil er nicht mehr selbstverantwortlich entscheidet, sondern seine Verantwortung an den Berater delegiert.

Die Karten werden täglich neu gemischt

Die Unsicherheit, was die Zukunft betrifft, können wir verringern, wenn wir vorurteilsfrei und mit Umsicht alle genannten Quellen der Erkenntnis berücksichtigen. Das gelingt nur, wenn wir auch den irrationalen und unbewussten Phänomenen einen gewissen Wert zubilligen. Doch auch wenn wir dank einer inneren Offenheit eine breitere Grundlage für unsere Entscheidungen nutzen, können wir nicht sicher wissen, welche Faktoren für die Entscheidung wirklich relevant und welche eher unbedeutend sind. Regelmäßig stoßen wir an Erkenntnisgrenzen, so dass ein Restrisiko bleibt und wir auf mutiges Handeln nicht verzichten können.

Dass wir zukünftige Entwicklungen nicht gut vorhersehen können, verlieren wir auch deshalb häufig aus dem Blick, weil verborgene Möglichkeiten schwer einschätzbar sind. So sträubte sich eine Mutter gegen den geplanten Auszug ihres 23-jährigen Sohnes, weil er bisher durch seine mürrische, desinteressierte Haltung nicht den Eindruck erweckt hatte, alleine gut zurechtzukommen. Er hielt nicht viel von Ordnung, drückte sich vor den Pflichten im Haushalt und war regelmäßig knapp bei Kasse. All dies gab Anlass zur Sorge. Aber der junge Mann ließ sich durch das fehlende Vertrauen seiner Mutter nicht beirren und wagte es, eine kleine Wohnung zu mieten. Nach einem Jahr war das Verhältnis zwischen Mutter und Sohn besser als je zuvor. Er meisterte die Situation und die Mutter konnte ihre Fehleinschätzung eingestehen. Vor dem Auszug war sie nicht in der Lage gewesen, die Ressourcen ihres Sohnes zu erkennen. Das ist auch schwierig, denn ob und wie jemand sein verborgenes Potential ausschöpfen kann, lässt sich erst an der Wirklichkeit überprüfen.

Dem jungen Mann ist der Absprung aus dem Elternhaus gut gelungen, er hatte ein gutes Gespür und die notwendige Portion Glück. Grundsätzlich hätte er sich aber auch unter- oder überschätzen können. Eine Zukunftsunsicherheit ist somit immer nach zwei Seiten offen: Wir können das Risiko zu groß, aber auch zu klein einschätzen, wir können schwarzsehen oder Probleme bagatellisieren. Wer die Zukunft als kontinuierliche Fortsetzung der Vergangenheit versteht, als eine lineare Hochrechnung bisheriger Erfahrungen, läuft Gefahr, nicht nur wertvolle Ressourcen, sondern auch bedeutsame, sprunghaft wirkende Zufälle zu übersehen. Täglich werden die Karten neu gemischt, und wir werden irgendwann mit Ereignissen überrascht, die unserem Leben eine völlig neue Richtung geben. Ein plötzlicher, früher Tod eines Elternteils oder Partners kann Zukunftspläne wie Seifenblasen platzen lassen. Eine neue Liebe oder ein neuer Job lassen uns in ein fremdes Land aufbrechen und plötzlich wird alles aufregend.

Natürlich sind es nicht nur Ereignisse in unserem persönlichen Umfeld, sondern auch nicht vorhersehbare Entwicklungen von historischem Ausmaß in Technik, Umwelt oder Politik, die das Leben vieler Menschen ziemlich überstürzt völlig neu ordnen können. Ohne die Erfindung des Internets oder ohne Fall der Berliner Mauer würde das Leben vieler Menschen ganz anders verlaufen. Wer an solche Unwägbarkeiten denkt, weiß gar nicht mehr, auf welche Kriterien er sich beim Pläneschmieden stützen soll und könnte vollständig entmutigt sein. Wir können aber auch eine andere Position einnehmen: Weil es grundsätzlich nie gelingen kann, alle wesentlichen Umstände zu berücksichtigen, ist es gar nicht notwendig, alle Szenarien bis ins Kleinste durchzuspielen. Das spart nicht nur Zeit und Energie, sondern schenkt uns Lebensqualität, weil wir nicht im Grübeln stecken bleiben. Lebenskunst wäre, Entscheidungen zu fällen, ohne einen Garantieschein zu wollen.

Doch »ohne Gewähr« zu leben, ist nicht einfach, und beim Thema Gesundheit wird uns die Bedeutung einer solchen fehlenden Garantie häufig besonders schmerzlich vor Augen geführt. Wer auf eine ausgewogene Ernährung achtet, Sport treibt, auf Schädigendes wie zu viel Alkohol oder Nikotin verzichtet und andere ungesunde Faktoren meidet, hofft auf eine möglichst lange und gute Gesundheit. Wer die ärztlichen Empfehlungen zu den sogenannten Risikofaktoren der Herz-Kreislauf-Erkrankungen oder Krebs berücksichtigt und sich dabei wohlfühlt, hat sicher eine gute Entscheidung getroffen. Wieweit die eigene Gesundheit damit günstig beeinflusst werden kann, bleibt allerdings offen. Statistische Erfahrungswerte können für den Einzelnen völlig bedeutungslos sein. Fast alle kennen sogenannte Ausreißerschicksale: Es gibt Menschen, die sehr ungesund leben, aber steinalt werden, und wiederum andere, die sehr gesundheitsbewusst sind, aber früh sterben. Trotz Vorsicht, Vorsorge oder Vernunft ist Gesundheit nicht kalkulierbar und eine schwere Krankheit nicht zwangsläufig vermeidbar. So äußerte der Nichtraucher Christoph Schlingensief, als er erfahren hatte, dass sich erneut Metastasen seines Lungenkrebses ausbreiteten: »Ich muss fast lachen, wenn ich daran denke, dass ich früher immer die verbrannte Seite vom Toast abgekratzt habe oder den kleinen grünen Schimmelfleck auf dem Käse großräumig rausgeschnitten habe.«[16] Seine Erfahrung fordert uns sicher nicht auf, zukünftig fatalistisch die verkohlte Stelle an einer Bratwurst oder Schimmelbelag zu essen, sondern zeigt: Was bei jedem Einzelnen von uns das Zünglein an der Waage sein wird, bleibt häufig verborgen. Deshalb lohnt es in der Regel nicht, sich aus Furcht nur an der kollektiven Vernunft oder an einer Statistik zu orientieren.

Sollen wir die schreienden Ungerechtigkeiten des Schicksals akzeptieren? Also billigen, wenn ein Mensch, der sich anstrengt und um ein gesundes Verhalten bemüht ist, früh grausam sterben muss, während ein anderer unbekümmert vor sich hinlebt und steinalt wird? Die meisten von uns werden das nicht gutheißen können, weil ein tiefes Bedürfnis nach Gerechtigkeit in uns steckt. Wir wollen, dass sich ein anständiges Leben lohnt und sind wütend auf Gott oder das Schicksal, wenn unsere Rechnung nicht aufgeht. Doch das Leben ist nicht schlüssig, und wer ihm grollt, hat oft recht. Gefühle wie Ohnmacht, Trauer oder Wut sind angemessen. Vorschnelle Erklärungen nach dem Motto: »Dieser Mensch hat dieses oder jenes falsch gemacht und braucht die Erkrankung für seine Entwicklung«, sind äußerst fragwürdig. Solche Überlegungen befriedigen lediglich unser Bedürfnis nach Erklärung und wollen nicht wahrhaben, dass Krankheit »einfach so« ins Leben treten kann, ohne dass wir etwas falsch gemacht haben. Unabhängig davon, ob wir eine schlimme Krankheit akzeptieren oder nicht, gilt: Sobald sie in unser Leben einbricht, sind wir aufgefordert, uns damit auseinanderzusetzen.

Übung: Wie kann ich gute Entscheidungen treffen?

Mut oder Übermut

Was wäre das Schlimmste, das nach einer Entscheidung eintreten könnte? Welche Freiräume hätten Sie in dieser Situation? Und welche eigenen Ressourcen? Können Sie Hilfe von Familie oder Freunden erwarten? Sind Auswegsszenarien erkennbar und zu bewältigen?

Wenn Sie diese Fragen beantworten und das Worst-Case-Szenario ganz zu Ende denken, können Sie das Ausmaß Ihres Risikos einschätzen und zwischen Mut und Übermut unterscheiden.

Die eigene Zukunftsunsicherheit

Gehen Sie in Gedanken zurück zu Ihrem zehnten Geburtstag. Wie haben Sie sich damals Ihre Zukunft ausgemalt? Und was ist in der folgenden Dekade real geschehen? Welche nicht planbaren Erlebnisse haben Ihrem Leben in diesen zehn Jahren die entscheidende Richtung gegeben? Wenn Sie anschließend an ihren zwanzigsten Geburtstag denken und wiederum eine Dekade nach vorn schauen: Was verlief erwartungsgemäß, kontinuierlich oder sprunghaft? Wiederholen Sie das für jedes Jahrzehnt. Hätten Sie sich träumen lassen, da anzukommen, wo Sie jeweils eine Dekade später privat und beruflich tatsächlich waren?

Das Dilemma

Sie wollen zwischen zwei Optionen wählen. Nehmen Sie in der Phantasie diese beiden Möglichkeiten in Ihre beiden Hände und stellen Sie sich vor, dass Sie sie – wie eine Balkenwaage – so lange gegeneinander abwiegen, bis die Bewegung zum Stillstand kommt.

Ist ein Unterschied sichtbar, so dass eine Seite schwerer wiegt? Dann wird der Favorit spürbar.

Oder zeigt die Waage keine Differenz und bleibt ausbalanciert? Dann könnte es notwendig werden, aus dem Dilemma auszusteigen: Sind beide Möglichkeiten nicht das Richtige und ist stattdessen eine ganz andere, bisher nicht gesehene Variante passender? Werden Sie neugierig auf alternative Sichtweisen!

Könnte ein Kompromiss zwischen den zwei Möglichkeiten notwendig sein? Sollten beide Möglichkeiten irgendwie verbunden werden? Sollten Sie also das eine tun und das andere nicht lassen?

Mut braucht Herz

Ohne Werte und Gefühl gibt es keinen Mut

Stellen Sie sich vor, Ihre Arbeitssituation ist seit längerer Zeit unerträglich oder krank machend. Würden Sie es wagen zu kündigen, obwohl keine neue Stelle in Sicht ist? Eine zweite Frage: Hätten Sie den Mut, einen geliebten Menschen aus einem brennenden Haus zu holen oder einem schwer kranken Angehörigen eine Niere zu spenden? Wie fühlt sich das an? Fällt es Ihnen leicht, beherzt für sich oder andere einzustehen? Vielleicht entscheiden Sie jeweils unmittelbar mit Ja oder Nein, vielleicht spielen Sie aber auch in Gedanken verschiedene Szenarien durch und entwerfen unterschiedliche Handlungsoptionen. Sie sagen dann: »Es kommt auf dieses und jenes an«, und das wird verständlicherweise Ihre Entscheidung beeinflussen.

Manchmal haben wir genügend Zeit, um auf solche Art und Weise abzuwägen, aber in existentiell bedrohlichen Situationen müssen wir nicht selten rasch oder instinktiv reagieren. Wenn wir uns – unter Umständen mit dem Mut der Verzweiflung – in Gefahr begeben, dann um etwas zu verhindern, was wir mehr fürchten als den Verlust des Status quo. Und wenn uns etwas wichtiger ist als unser eigenes Leben, fällt es leicht, mutig zu handeln. Bislang ungeahnte Kräfte werden mobilisiert und Grenzen überwunden. Wenn dagegen Gefühle fehlen und sich Gleichgültigkeit breitmacht, werden wir träge, anstatt mutig zu reagieren.[17]

Dass Liebe zu einem Menschen, zur Natur oder zu einer Sache Mut machen kann, wussten bereits die alten Römer und Griechen. Sie ordneten die verschiedenen menschlichen Emotionen und Affekte einzelnen Organen zu. Leidenschaft und Begierden lokalisierten sie in der Leber, Angst und Mut vor allem im Herzen. In Sprichwörtern sind diese Vorstellungen bis heute erhalten. So kann einem »das Herz vor Angst in die Hose rutschen«, oder man kann »sich ein Herz fassen« und »beherzt«, also mutig, handeln. Das französische Wort für Herz *cœur* hat sich weiterentwickelt zu *courage*: Diese »Beherztheit« bedeutet nichts anderes als »Mut«. Gefühle, seien es Liebe, Zuneigung, aber auch Zorn oder Hass, können unseren Mut wecken. Mutig verteidigen und beschützen wir Kostbares. Abscheuliches oder Ungerechtes wagen wir zu bekämpfen.

Obwohl also Mut vor allem eine Herzensangelegenheit ist – spätestens wenn es nicht ums Privatleben geht, stehen Gefühle nicht allzu hoch im Kurs. Oft werden wir ermahnt, nicht emotional, sondern sachlich und mit Vernunft zu argumentieren. Dahinter steht wohl die Überzeugung, dass Emotionen unwissenschaftlich, unwichtig oder sogar schädlich seien. Im Laufe der Evolution haben sich unsere Emotionen aber als überlebensnotwendig erwiesen: Sie helfen uns, die Qualität von Situationen zu erfassen, um anschließend das Richtige zu tun.

Gefühle zeigen den Weg

Richtig im Sinne der Evolution ist primär das, was dem Überleben und der weiteren Entwicklung dient. Warum werden Emotionen und Gefühle trotzdem mit Argwohn betrachtet? Vielleicht, weil Gefühle weder vollständig beweisbar noch objektiv vergleichbare Größen sind. Jeder von uns erlebt sein ganz persönliches Gefühl. Wenn beispielsweise zwei Menschen Liebesgefühle spüren, fühlen sie höchstwahrscheinlich nicht dasselbe, sondern nur ähnlich. Wir haben keine Möglichkeiten, einen eventuell vorhandenen Unterschied zu messen, und können nicht beweisen, ob einer der beiden intensiver liebt. Auch können wir nicht wählen, ob wir uns bei einem Gewitter fürchten oder nicht, es geschieht einfach. Und beim Anblick schwer verletzter Menschen wenden sich manche erschüttert ab, andere dagegen sind fasziniert. Warum das so ist, wissen wir nicht.

Gefühle geben nicht nur unsere subjektive innere Verfassung wieder, sondern sind zudem ein exklusives Erlebnis, weil wir sie ausschließlich selbst – in uns drin – empfinden können. Außenstehende können wir nur sehr begrenzt daran teilhaben lassen, indem wir uns mit Worten oder Gesten versuchen mitzuteilen. Das ist analog zu unseren Träumen: Wenn wir schlafen, leben wir exklusiv in unserer Traumwelt. Zwar können wir später anderen davon erzählen, aber leibhaftig daran teilhaben lassen, können wir sie nicht. Trotz ihrer subjektiven Erlebnisqualität sind unsere Gefühle in vergleichbaren Situationen aber sehr ähnlich. Neurobiologen sprechen in diesem Zusammenhang von Basisemotionen:[18] Es gibt gewisse Umstände, die in nahezu allen Menschen die gleichen Gefühle von Lust, Furcht oder Wut wecken und stereotype Reaktionen bewirken. Wenn beispielsweise ein wildes Tier auf uns zuläuft, wird beinahe jeder Mensch sich ängstigen und wegrennen. Doch nicht nur natürliche Gefahren, sondern auch komplexe soziale und kulturelle Situationen wecken bei Menschen sehr ähnliche Gefühle. Diese zeigen sich als religiöse und ethische Überzeugungen und binden Menschen in einer Wertegemeinschaft zusammen, indem sie Identität und Orientierung geben.

Unsere Fähigkeit, in Standardsituationen auf bestimmte Weise zu fühlen und zu reagieren, ist offenbar allen Menschen weitgehend angeboren. Und weil wir ähnlich fühlen, können wir uns zumindest ein Stück weit in andere einfühlen und vieles nachfühlen. Doch angesichts sich ständig wandelnder Lebensbedingungen wäre es fatal, wenn unsere Gefühle biologisch ein für alle Mal starr festgelegt wären. Tatsächlich ist unsere angeborene Grundausstattung an Gefühlen weder ausreichend noch vollständig. Im Lauf des Lebens wird sie durch unsere individuellen Erfahrungen ständig erweitert und verändert. So gibt es heute aufgrund der rasanten sozialen, technischen und kulturellen Veränderungen immer mehr Freiräume, die unseren Vorfahren noch gar nicht zur Verfügung standen, wie etwa Empfängnisverhütung, künstliche Befruchtung oder Sterbehilfe. Hier ist es nicht möglich, nur auf traditionelle Gefühle und Werte zurückgreifen, sondern wir sind herausgefordert, selbst ethische Antworten zu finden. Wir haben also immer wieder die Möglichkeit, zunehmend differenzierter und feinfühliger zu werden.

Je intensiver unsere Gefühle sind, umso vitaler und energiegeladener erleben wir uns. Vielleicht ist es auch diese Wucht mancher Gefühle – wir sprechen dann von Emotionen oder Affekten –, die uns überrollen und zu etwas Unvernünftigem hinreißen kann, die sie aus wissenschaftlicher Sicht so suspekt macht. Aber genau diese in den Gefühlen enthaltene Energie brauchen wir, um mutig zu sein – um über uns selbst hinauszuwachsen oder Berge zu versetzen. Welche Gefühle fördern unseren Mut? Viele würden sagen, vor allem ein gutes Selbstwertgefühl. Menschen trauen sich nämlich häufig nicht, weil sie sich als wenig selbstbewusst erleben. Das

Wort Selbstbewusstsein ist der Schlüssel: Ein gutes Selbstwertgefühl haben Menschen, die sich so weit wie möglich bewusst sind, was sie fühlen und wer sie eigentlich sind. Wer also der Aufforderung des antiken griechischen Orakels von Delphi »Erkenne dich selbst« Folge leistet, gewinnt an Selbstvertrauen.

Selbstbewusstsein und Selbstvertrauen gehören eng zusammen. Doch uns selbst und damit unseren Wert zu erkennen, ist nie leicht. Wir sind auf die Rückmeldung von anderen Menschen – sei es Bestätigung oder Kritik – angewiesen. Andere nehmen uns von außen wahr und halten uns den Spiegel vor. Wir nehmen uns dagegen von innen her wahr. Sollten beide Sichtweisen übereinstimmen, sind wir in der Regel erleichtert und unsere subjektive Einschätzung scheint richtig zu sein.

Übereinstimmende Wahrnehmung ist ein Grundpfeiler für die Entwicklung von Selbstvertrauen. Bereits in der frühen Kindheit wird dafür das Fundament gelegt. Wenn Eltern ihrem Kind vermitteln, in Ordnung zu sein, so wie es ist, und ihm erlauben, sich in seiner Eigenart zu entfalten, wird das Selbstbewusstsein gestärkt. Solche aufmunternden und bestätigenden Signale können Eltern leichter geben, wenn ihr Kind ihnen ähnlich ist oder den eigenen Wunschvorstellungen entspricht. Es ist jedoch viel schwerer, wenn Eltern entdecken müssen, dass ihr Kind ganz anders, ja, ihnen vielleicht sogar fremd ist oder ihren Erwartungen nicht entsprechen kann. Wenn beispielsweise in einer Akademikerfamilie ein Kind geboren wird, das in der Schule komplett versagt, oder wenn ein Kind eine bislang nie in der Familie erlebte Begabung hat, kann das Eltern irritieren oder sogar verängstigen. Für eine völlig fremde Wesensart fehlt uns manchmal eine positive kreative Phantasie. Dann fällt es Eltern schwer, darauf zu vertrauen, dass ihr Kind für sich einen guten Platz in der Welt finden kann. In einer solchen Situation sollten sie versuchen, sich auf unkonventionelle Lebensläufe – sei es in der eigenen Familie, im Bekanntenkreis oder von berühmten Personen – zu besinnen, an denen deutlich wird, wie man auch auf Umwegen einen passenden, guten Platz für sich finden kann.

Doch nicht alle schaffen es, auf eine gute Entwicklung zu vertrauen. Wenn Eltern derart verunsichert oder ablehnend sind, wächst die Gefahr, dass ein Kind das eigene Gefühl und sich selbst als falsch begreift. Es beginnt, sich selbst zu misstrauen oder abzulehnen, und neigt unwillkürlich dazu, an die Bewertung der Eltern zu glauben. Heute haben es Kinder diesbezüglich vielleicht sogar schwerer als vor einigen Jahrzehnten, denn in der Öffentlichkeit werden ständig ihre Defizite diskutiert, wie PISA-Studien, Debatten um ADS oder Leistungsverweigerung zeigen. Eltern können sich kaum der einseitigen Botschaft »Wissen ist die Voraussetzung für ein gelingendes Leben« entziehen, und so wird eine Hauptschulempfehlung für Eltern und Kinder leicht zu einer Art Weltuntergang. Um also das Optimale herauszuholen, werden viele Kinder bereits sehr früh und reichlich gefördert.

Förderung kann das Selbstvertrauen stärken, wenn ein Kind erlebt, wie es mit Anstrengungen und Geduld Hürden überwindet und seine Kompetenzen erweitert. Förderung kann aber auch zum Problem werden, wenn durch sie der Eindruck entsteht, dass sehr viele Kinder unseren Ansprüchen nicht mehr genügen. Je mehr gefördert und verbessert werden muss, desto weniger ist ein Kind in Ordnung, und das kann sein Selbstvertrauen untergraben, vor allem wenn die besondere Begabung eines Kindes übersehen wird und es nicht zur Entfaltung seiner individuellen Anlagen ermutigt wird.

Vertrauensvolle Beziehungen ermöglichen Mut

Heute nimmt die Schule für Kinder immer mehr Raum und Bedeutung ein und ihr vorrangiges Ziel ist die Vermittlung von logischem Denken, Verstand und Wissen. Die Erziehung der Gefühle ist in Nebenfächer wie Religion, Musik oder Kunst abgedrängt worden. Und wenn diese Fächer weniger zählen als die entscheidenden Hauptfächer, lautet die versteckte Botschaft, dass Gefühle und Werte nachrangig sind. Doch an welchem Ort können wir Gefühle lernen und differenzieren? Hauptsächlich in und durch unsere Beziehungen. Als Kernstück unseres Lebens bestimmen sie unsere Persönlichkeit. Ständig sind wir in Kontakt und im Austausch mit Menschen, Natur oder Technik – und mit uns selbst. Aber Beziehung ist mehr als Kontakt: In Beziehungen sind wir gebunden. Bildlich könnte man von Fäden sprechen, die unsichtbar zwischen uns und dem Gegenüber gezogen sind.

Versuchen Sie einmal, sich in der Phantasie die Fäden Ihrer wichtigsten Beziehungen vorzustellen. Wie sehen sie aus? Aus welchem Material sind sie? Sind sie robust oder hauchdünn? Elastisch oder starr? Wie lang sind sie? Sind es mehrere und vielleicht verwickelte oder verknotete Fäden? Das Bild dieser Fäden kann die Qualität Ihrer Bindung verdeutlichen: Bei einem elastischen Faden können Sie vielleicht Nähe und Distanz immer wieder neu ausloten; ein starres Seil könnte dagegen signalisieren, dass jeglicher individuelle Bewegungsspielraum verloren gegangen ist. Falls der Faden zu lang sein sollte, ist der andere zu weit weg, und bei fehlendem Faden kann der andere völlig außer Reichweite sein oder an Ihnen festkleben. Sollten Sie an einem »seidenen Faden« hängen, ist Ihre Beziehung vielleicht kaum noch belastbar.

Diese Metaphern deuten auch an, dass wir voneinander abhängig sind, was unweigerlich zu unseren Beziehungen gehört. Da wir miteinander verbunden sind, ist es nicht gleichgültig, was mit unserem Gegenüber geschieht. Wenn der andere etwas erlebt und sich – bildlich gesprochen – dabei bewegt, wird auch an uns sanft gezogen oder vielleicht sogar heftig gezerrt. Ein solches Verbundensein erleben wir ganz unterschiedlich. Bei großer Zuneigung sind wir froh darüber, weil wir ohne den anderen nicht leben wollen und ihn gerne spüren. Andererseits leben wir jedoch in einer Kultur, die persönliche Autonomie nahezu enthusiastisch preist, für sehr erstrebenswert hält und Abhängigkeiten quasi verteufelt.

Welche der beiden Tendenzen, Verbundensein/Abhängigkeit oder Autonomie/Unabhängigkeit, würden Sie persönlich als wichtiger bewerten und deshalb als Maxime bevorzugen? Da Verbundensein und Abhängigkeit von Liebe und Geborgenheit bis zu totaler Hörigkeit reichen, sich andererseits Autonomie und Unabhängigkeit von bestmöglicher Selbstbestimmung bis hin zu Egozentrik und größter Verlassenheit erstrecken, ist die Frage nicht so einfach zu beantworten. Beide Tendenzen können menschen- und lebensfreundlich sein oder auch destruktive Wirkung haben. Wir brauchen beides, Abhängigkeit und Unabhängigkeit, und können weder die eine noch die andere Seite völlig vernachlässigen, wenn wir seelisch gesund bleiben wollen.

Die Fähigkeit zur Autonomie setzt jedoch die Fähigkeit zur Bindung voraus, kommen wir doch als vollständig hilflose Wesen auf die Welt und brauchen eine fürsorgliche und enge emotionale Beziehung, um zu überleben. Gerade diese ganz natürliche Angewiesenheit auf Zuwendung bietet die Chance, dass Menschen ganz am Anfang ihres Lebens Liebe, Vertrauen und Geborgenheit erleben können. Neurobiologisch ist gesichert: Alles, was unsere Beziehungsfähigkeit verstärkt, fördert die Bildung jener neuronalen Strukturen im Gehirn, die unsere Offenheit für Neues und unsere Gestaltungsspielräume erweitern.[19] Wir müssen somit zuerst Geborgenheit und Verbundensein in Beziehungen erleben, um Schritt für Schritt unsere Fähigkeit zu Autonomie und Selbstbestimmung entwickeln zu können. Umgekehrt gilt: Wenn Menschen während dieser natürlichen Phase der Angewiesenheit emotional vernachlässigt werden oder frühe Gewalt erfahren, behindert dieses Trauma nicht nur die Fähigkeit, vertrauensvolle Bindungen einzugehen, sondern schwächt auch die Entwicklung einer mutigen Lebenseinstellung.

Doch was fördert Beziehungsfähigkeit? Interessanterweise viel weniger die schönen, sondern gerade auch die belastenden Erlebnisse. Wenn nämlich Sorgen und Kummer, Trauer, Ärger oder Angst einen angemessenen Platz erhalten, ohne dass die zwischenmenschliche Verbindung zerreißt, dann kann sich ein Gefühl von großem Vertrauen einstellen. Ähnlich hat auch Loki Schmidt die Beständigkeit ihrer Ehe erklärt: »Helmut und ich, wir waren niemals verliebt in dem Sinne. Verliebtsein ist wie ein Feuer aus Reisig und Stroh. Dreck und Not und Kummer, wie unsere Generation sie erlebt hat, verbinden mehr.«[20]

Das gegenseitige Vertrauen baut Selbstvertrauen auf und ermöglicht es, Abgrenzung, Individualität und Selbstentfaltung zu wagen. Wenn wir also fähig werden, uns auf Beziehungen einzulassen und uns zu binden, können wir auch wieder ein Stück weit loslassen, uns abgrenzen und ein Stück Autonomie riskieren. Umgekehrt bremst alles, was die Bindungsfähigkeit von Kindern, Jugendlichen und Erwachsenen behindert, Gestaltungslust, Neugier und somit auch den Mut, die Welt und sich selbst zu entdecken, weil im Gehirn vorhandene Verknüpfungspotentiale nur unzureichend ausgeschöpft werden. Alles, was vertrauensvolle Beziehungen fördert, stärkt also Selbstvertrauen, Entdeckerfreude und Mut. Das bedeutet: Die meisten Kinder können ohne enge und vertrauensvolle Bindungen zu Erwachsenen, ohne das Erleben von verlässlicher Geborgenheit weder Neugier noch Wissensdrang entfalten. Gefühle sind daher Voraussetzung für Bildung und nicht zweitrangig oder unwichtig.

Gefühle – der innere Wetterfrosch

Neurobiologen und antike Denker sind sich also einig: Herz macht Mut. Doch wenn wir beherzt für unsere eigenen Bedürfnisse einstehen, plagt uns nicht selten ein schlechtes Gewissen. Das kann Hildegard, langjährige Angestellte in der Versicherungsbranche, nur bestätigen. Sie hat sich in eine andere Abteilung versetzen lassen. Endlich kann sie wieder angstfrei zur Arbeit fahren, und auf ihren Schultern lastet kein unerträglicher Druck mehr. Gerne würde sie ihrer ehemaligen Kollegin den Grund ihres Versetzungsantrags mitteilen: Neben ihr habe sie sich permanent unter Druck gefühlt; die ständige Konkurrenz mit ihr sei zermürbend gewesen. Aber ihr fehlt der Mut. Doch warum möchte Hildegard überhaupt ein klärendes Gespräch? Sie hofft auf Zustimmung. Würde ihre Kollegin ihr schlechtes Gefühl und die Rivalität bestätigen, gäbe ihr das Selbstsicherheit. Hildegard rechnet aber mit einer anderen Antwort. Wahrscheinlich wird die Kollegin sagen: »Das bildest du dir bloß ein, unser Verhältnis war doch stets freundschaftlich!« In diesem Fall stünde Aussage gegen Aussage, was für Hildegard schwer zu ertragen wäre. Sie wünscht sich für eine solche Situation eine Verteidigungsstrategie, die überzeugen kann. Aber wie soll das gehen? Und was will sie überzeugend verteidigen, ihr Gefühl oder ihre Deutung der Beziehung?

In vergleichbaren Situationen wissen wir häufig nicht mehr, ob wir richtig fühlen bzw. ob wir überhaupt fühlen dürfen, was wir fühlen. Die Diskrepanz zwischen unserem Gefühl und dem anderer Menschen führt zu der Frage, wer recht hat. Gefühle sind jedoch, wie bereits erwähnt, eine subjektive innere Wahrnehmung, die wir ganz allein in uns selbst spüren. Schon deshalb haben sie immer recht – das Recht zu existieren. Wenn wir sie verteidigen, dann als unser Recht auf unser persönliches inneres Erleben, das wir uns von niemandem nehmen lassen sollten. Wenn wir traurig, verliebt oder ängstlich sind, sind wir das eben und dürfen es auch sein. Wie oft hören wir gut gemeinte Ratschläge wie: »Sei nicht traurig!«, oder: »Du musst doch keine Angst haben!« Andere fordern uns auf, unsere Gefühle abzulehnen, anstatt sie zuzulassen. Dahinter steckt die Idee, ein sogenanntes schlechtes Gefühl könnte nicht richtig oder unpassend sein. Mit Gefühlen ist es aber wie mit dem Wetter, sie existieren jenseits der Kategorie von richtig und falsch. Sonne, Regen oder Schnee passen uns nicht immer ins

Konzept; einige Menschen ärgern sich darüber, während andere sich freuen.

Bildlich gesprochen sind Gefühle ein Ausdruck unserer inneren Wetterlage, und uns stellt sich die Aufgabe, angemessen mit ihnen umzugehen. Auch hier hilft die Analogie zum Wetter: Wir kleiden und verhalten uns bei großer Hitze anders als bei Kälte oder heftigem Regen. Doch was den meisten Menschen beim Wetter mühelos gelingt, ist im Umgang mit unseren Gefühlen nicht ganz so einfach. Hier sind wir nicht selten verunsichert und wären – wie Hildegard – froh, wenn andere sie bestätigen würden. Aber eine Verteidigung unserer Gefühle mit dem Ziel, zu einer Einigung zu gelangen, kann aufs Glatteis führen, denn wir können weder erwarten noch fordern, dass unsere Mitmenschen in derselben Situation gleich oder ähnlich fühlen. Andere haben ihr ganz subjektives inneres Erleben und deuten in einem zweiten Schritt ihre Gefühle auch aus einer ganz persönlichen Sicht heraus.

Wenn also Hildegards Kollegin wie erwartet widersprechen würde, ginge es nicht darum, sie zu überzeugen, das Gleiche zu fühlen, sondern darum, die Enttäuschung oder Kränkung über die Unvereinbarkeit zu ertragen. Es braucht Mut, die Gefühle und Einschätzung des anderen für sich selbst zurückzuweisen, ohne ihm dabei sein subjektives Empfinden und seine Erklärung abzusprechen. Das Motto in einer solchen Situation könnte heißen: »Du stehst für dich und fühlst deins. Und ich stehe gleichzeitig für mich und bin mir dabei ganz nah.« Das impliziert Respekt vor sich selbst und dem Gegenüber und entspricht der biblischen Forderung: »Liebe deinen Nächsten wie dich selbst.« Was das eigene Herz oder der Körper signalisiert, zählt – und somit die Beziehung zu uns selbst. Wenn wir es wagen, unsere Gefühle trotz des Widerspruchs von anderen ernst zu nehmen und ihre Botschaft umzusetzen, bessern sich manchmal – wie nach Hildegards Versetzung – rasch die Symptome, wie etwa Schulterverspannungen oder Schlafstörungen. Das können wir als Bestätigung von innen, aus uns selbst heraus, verstehen. Die schlechten Gefühle waren keine Täuschung oder Illusion, sondern Wegweiser zum Ausweg aus einer Dysbalance.[21]

Auch Andrea hat das erlebt. Als Abteilungsleiterin sind ihre Erfolge seit mehr als zwanzig Jahren weit überdurchschnittlich. Sie arbeitet gerne, aber seit einigen Monaten spürt sie vor wichtigen

Kundengesprächen eine merkwürdige Unruhe. Das unangenehme Gefühl ist schwer zu beschreiben: Ihr scheint, als würden die Menschen ihr zu nahe rücken und die Luft zum Atmen nehmen; sie zittert und ihr Herz schlägt schnell. Morgens will sie nicht mehr aufstehen und nur noch die Decke über den Kopf ziehen, abends kann sie nicht einschlafen. Als bereits zwei Tage nach dem Sommerurlaub diese Symptome wieder da sind, will sie die Reißleine ziehen. Sie sucht das Gespräch mit ihrem Vorgesetzten, um über eine Entlastung zu verhandeln. Dieser fällt aus allen Wolken, kann nicht glauben, dass es so schlimm um sie steht, nachdem so viele Jahre alles sehr gut gelaufen war. Andrea war nie krank und nun diese Schwäche, das scheint nicht zusammenzupassen. Doch Andrea bleibt dabei, sie erlebt sich kurz vor einem Zusammenbruch, auch wenn das von außen nicht nachvollziehbar ist.

Am Abend bedankt sich Andrea bei ihrem Partner. Mit ihm hatte sie das Gespräch mit dem Chef in einer Art Rollenspiel vorbereitet. Dabei waren sie auf zwei mögliche Konfliktfelder gestoßen: Desinteresse und mangelnde Einfühlung. Manchmal ist es einer Geschäftsführung tatsächlich gleichgültig, warum ein Mitarbeiter nicht mehr die geforderte Leistung bringen kann. Dann heißt es, der Betreffende muss das bisherige Niveau halten oder gehen. Da kann es sein, dass frühere Erfolge und viele unentgeltliche Überstunden plötzlich gar nicht mehr zählen und die Hoffnung auf ein gewisses Maß an Dankbarkeit seitens des Arbeitgebers zerschlägt sich. Wer den Mut aufbringt, am Arbeitsplatz um Entlastung zu bitten, muss mit einer solchen Haltung rechnen. Das blieb Andrea erspart. Ihr Vorgesetzter wollte sie als Mitarbeiterin nicht verlieren, aber er hatte große Mühe, sich in ihren Zustand einzufühlen. Sie leistete doch genauso viel wie immer!

Andrea war froh, die Situation mit ihrem Partner durchgespielt zu haben, denn die positive Rückmeldung des Vorgesetzten war verführerisch: Es schmeichelt in gewisser Weise zu hören, dass der äußere Eindruck besser ist, man gar nicht so geschwächt erlebt wird und die Selbstwahrnehmung eine Täuschung sein könnte. Hier einzulenken, also der Bewertung von außen zuzustimmen, kann jedoch fatal sein. Das wohltuende Lob könnte dazu verleiten, erneut über die eigenen Grenzen zu gehen, so dass die Überforderungssymptome und Ängste schnell wiederkehren würden.

Vom Mut, andere stark werden zu lassen, oder: Das Selbstwertgefühl ist relativ

Unser Bedürfnis nach der Zustimmung von anderen ist verständlich, scheint sie doch die eigene innere Gewissheit zu stärken, ganz nach dem Motto: »Zwei oder mehrere können sich nicht irren.« Diese Prämisse ist aber falsch. Die Zustimmung eines anderen oder einer Gruppe schenkt zwar Geborgenheit, garantiert aber keine Sicherheit über die Richtigkeit des Urteils. Auch der Blick in die Geschichte beweist, dass Einzelne mit ihrer abweichenden Einschätzung ethisch wertvoller fühlen und somit urteilen können als ein gesamtes Volk. Wenn eine Mehrheit etwas als wertvoll und wünschenswert verteidigt, wird uns verdeutlicht, was als normal und konventionell gilt. Und wenn ein Einzelner durch eine Gruppe abgelehnt und ausgestoßen wird – bei Mobbing oder als schwarzes Schaf einer Familie – beweist das nicht etwa seinen Unwert, sondern zeigt, wie eine Gruppe sich abschottet, um die eigenen Wertmaßstäbe nicht aufgeben zu müssen.

Die Quantität von Zustimmung hat also nicht zwangsläufig etwas mit Qualität zu tun. Trotzdem sollen und müssen wir nicht auf Bestätigung von außen verzichten. Immer wieder werden uns andere zustimmen, eine Situation gleich bewerten, dasselbe fühlen und uns so eine gewisse Orientierung und Halt geben. Aber es lohnt sich, die übergroße Sehnsucht nach Einigkeit in Gefühlsdingen und bei Bewertungen aufzugeben. Mit einem guten Selbstwertgefühl können wir es ertragen, trotz gelegentlichem Widerspruch von außen in uns selbst und für uns selbst sicher zu sein. Dazu brauchen wir den Mut zur Unabhängigkeit.

Doch selbst wenn wir eine solche Autonomie besitzen: Unser Selbstwertgefühl bleibt immer auch bezogen auf andere Menschen und den Vergleich mit ihnen. Neuroökonomischen Untersuchungen zufolge wird unser Selbstwertgefühl befriedigt, wenn wir in unserem sozialen und gesellschaftlichen Umfeld günstige Unterschiede im Hinblick auf Schönheit, Status, Macht oder Kompetenz erleben. Das Selbstwertgefühl ist keine unabhängige Größe, sondern entwickelt sich durch Konkurrenz, etwa nach dem Motto: »Dies ist mein Auto, mein Haus, mein Boot.« So oder ähnlich wird das Erreichte stolz präsentiert und macht ein gutes Gefühl. Der Überlegene fühlt sich selbstbewusster, während der Unterlegene mit seinen Minderwertigkeitsgefühlen kämpft.

Weil diese Unterschiede das Selbstwertgefühl verbessern können, suchen manche Menschen mehr oder weniger unbewusst Partner, Berufe oder Lebensumstände, in denen sie den Vergleich nicht scheuen müssen, sondern nahezu die Garantie haben, sich »obenauf« und »besser« zu fühlen. Auf der gesellschaftlichen Ebene können wir in vielen Epochen und Kulturen bis heute beobachten, wie mächtige Menschen versuchen, den Nachwuchs »infantil« zu halten, um selbst nicht in die zweite Reihe treten zu müssen. Und wenn beispielsweise Ausbildungen immer umfangreicher und anspruchsvoller werden, so dient das nicht allein ihrer Qualität, sondern auch den Etablierten, die auf diese Weise länger vor einer heranwachsenden Konkurrenz geschützt sind.

Wie wichtig sind Ihrer Meinung nach Überlegenheitsgefühle für ein gutes Selbstwertgefühl? Und wie würden Sie deshalb das Selbstbewusstsein des Mannes im folgenden Beispiel einschätzen?

»Von meinem Klavierunterricht kann Ihr Sohn nicht profitieren, ich empfehle Ihnen einen Wechsel. Die große Begabung Ihres Kindes sollte in kompetentere Hände gelegt werden«, so überraschte ein Klavierlehrer die Eltern eines siebenjährigen Jungen bereits nach wenigen Unterrichtslektionen. Dieser Lehrer spürte, dass der kleine Junge weit über ihn hinauswachsen und bei optimaler Förderung ein virtuoser Pianist werden könnte. Noch war der Lehrer dem Jungen weit überlegen – wie allen Anfängern. Aber er nutzte das nicht aus, versuchte nicht, den Schüler einzuschüchtern, zu demotivieren oder klein zu halten, um der Bessere bleiben zu können. Er hatte es nicht nötig, sein Selbstwertgefühl auf Kosten eines anderen zu stabilisieren. Seine Liebe zur Musik und der Respekt vor dem Talent des Jungen veranlassten ihn, in die zweite Reihe zu treten, anstatt in Konkurrenz zu gehen.

Das Handeln des Klavierlehrers ist ganz im Sinne des Orakelspruchs »Erkenne dich selbst«: Es geht darum zu spüren, was man ist, aber auch was man nicht ist. Wenn uns das gelingt, spricht unser Herz. Wir gönnen dann anderen, besser zu werden oder mehr zu erreichen als wir selbst. Wir freuen uns an ihrem Erfolg und sind in der Lage, sie zu ermutigen. Gleichzeitig gehen wir herzlich und fürsorglich mit uns selbst um, weil wir uns nicht überfordern und unsere Begrenzung ertragen. Doch es braucht Mut, sich verwundbar oder angreifbar zu machen – und ein starkes Selbstvertrauen.

Plädoyer für ein leidenschaftliches Leben

Die vor kurzem geschiedene Franziska, 40 Jahre alt, muss ihre Wohnung renovieren und bekommt unerwartet Hilfe von ihrem Nachbarn. Sie spürt, wie eine immer größere erotische Anziehung entsteht. Doch sie blockt ab, ja, es macht sie sogar aggressiv, dass er sie will. Und fast noch aggressiver macht es sie, dass auch sie sich zu ihm hingezogen fühlt. Warum sie es nicht will, kann sie leicht begründen: Sie hätte Mühe mit seinen Bekanntschaften, seinem Musikgeschmack und der Tatsache, dass er kaum Bücher liest. Doch es gäbe ebenso gute Gründe, einfach mal zu versuchen, es leicht zu nehmen und für das Neue offen zu bleiben. Aber sie kann und will es nicht. Franziska sehnt sich nach einer Beziehung und sträubt sich gleichzeitig mit Händen und Füßen dagegen. Sie hat Angst vor einer Leidenschaft, die wie eine Flut alle Dämme bricht.

Was muss sie verteidigen? Was könnte wertvoller sein als Leidenschaft? Wer es schafft, auf Leidenschaft zu verzichten, kann ein geordnetes Leben führen. »Bloß keine Aufregung, bloß nicht über die Stränge schlagen«, lautet das Motto, »mit Vernunft und Maß handeln, die eigenen Triebe zügeln«: in der Ernährung, in der Sexualität und beim Schlaf, nirgends zu viel oder zu wenig, sondern ausgewogen und gesund genießen. Eine derartige Beherrschung fällt nicht leicht und gelingt selten; sie fordert Disziplin, Verzicht und Begrenzung. Und hinter dieser Grenze lauert das Ungezügelte und Ungebändigte. Dort erleben wir Gier, Rausch, Ekstase und eine Leidenschaft, die uns mit Haut und Haaren erfassen kann. Das Leben wird aufregend, aber auch unberechenbar. Kontrolle haben wir hier nicht wirklich, auch keine Ruhe oder Distanz, wir sind mittendrin im Geschehen, ihm ausgeliefert. Diese beiden Welten kennt nur der Mensch, sie heißen Zivilisation und Natur. Ganz ohne Zivilisation wären wir lediglich Tiere, dank der Zivilisation haben wir Mittel und Methoden, um das Animalische in der Umwelt und in unserem Inneren mehr oder weniger zu bändigen. Weder den Trieben noch den wilden Tiere, den Naturgewalten oder dem Klima wollen wir existentiell ausgeliefert sein. Manches davon haben wir domestiziert, anderes sperren wir aus, hinter Zäune, Mauern oder Dämme. Wir halten es uns vom Leib. So konnte das zivilisierte Leben immer friedlicher und sicherer werden.

Wer bildlich gesprochen tief im Land der geordneten Zivilisation und weit entfernt von der Grenze zur Wildnis lebt, wird sie kaum mehr wahrnehmen bzw. sie nur noch als störend oder gefährlich empfinden. Dann können schon krähende Hähne oder quakende Frösche eine Belästigung sein, weil sie sich nicht an Ruhezeiten halten. Und Bären oder Wölfe werden zum Problem, weil sie hungrig sind und Schafe fressen. Andere Menschen dagegen leben in unmittelbarer Nähe zur Wildnis und haben den Mut, immer wieder die Grenze zu überschreiten. Sie wollen nichts wegsperren oder versäumen, sondern sich der Welt mehr und mehr aussetzen und immer wieder neue Erfahrungen machen.

Manche Menschen können sich – wiederum bildlich gesprochen – entscheiden, in welchem der beiden Länder sie sich niederlassen oder ob sie hin- und herwandern möchten, andere haben gar keine Wahl. Es ist ihre innere Natur, die gar nicht anders kann, als leidenschaftlich zu sein und wie besessen zu leben und zu arbeiten. Sie leben mit einer Intensität, die allzu Zivilisierte verstören kann. Manche von ihnen provozieren und rütteln auf. Brauchen wir Leidenschaft wirklich?

Faszination bereitet den Boden

Maria, eine Frau Ende 40, lebt mit ihrem Mann in einer Universitätsstadt, die eine hohe Lebensqualität bietet. Sie kann und will sich nicht beklagen, aber seit Monaten kommt ihr alles schal und flau vor. War das alles? Soll es bis zum Lebensende in diesem Trott weitergehen? Das viele Grübeln bringt sie nicht wirklich weiter, und Maria kann sich beim besten Willen nicht erklären, warum es ihr psychisch so schlecht geht. Sie bekommt ein schlechtes Gewissen, denn eigentlich müsste sie doch zufrieden und glücklich sein. Sie überlegt, ob sie vielleicht in einer Art Midlife-Krise steckt, traut sich aber nicht, das zu äußern, denn allzu leicht könnte sie als undankbar oder zu anspruchsvoll gelten. Maria sieht sich in einer Falle: Es nagt nicht nur das unerklärliche Gefühl von Sinnlosigkeit an ihr, sondern gleichzeitig die Überzeugung, dass sie all das gar nicht empfinden dürfte.

Maria könnte man gut im Land der Zivilisation, weit weg von Wildnis und Chaos verorten. Sie wäre froh, ihre wohlgeordnete Welt genießen zu können, aber es gelingt nicht mehr. Und da sie nicht in Not geraten ist, etwa durch Arbeitslosigkeit, Krankheit oder Trennung, fällt es schwer, eine Ursache für ihren Zustand zu finden. Ihre Unzufriedenheit scheint unlogisch oder vielleicht sogar Ausdruck einer überhöhten Ansprüchlichkeit. Doch die Seele gehorcht selten gängigen rationalen Vorstellungen, sondern verhält sich paradox, widerspricht also plausiblen Erklärungsversuchen. Eine solche Paradoxie liegt beispielsweise vor, wenn trotz zunehmender staatlicher Absicherung die Unsicherheits- und Angstgefühle von Menschen eher zunehmen oder trotz höherer Lebenserwartung die Todesangst der Menschen heute in der Regel nicht kleiner, sondern eher größer wird. Wir erwarten, dass mehr Wohlstand, größere Sicherheit, bessere Gesundheit und ein längeres Leben uns zufrieden und glücklich machen. Das kann so sein, aber häufig wachsen gleichzeitig die Unsicherheiten, Ängste oder Ansprüche mit, und Zufriedenheit und Glück scheinen so unerreichbar wie eh und je.[22] Wo könnten wir mehr über solche unlogisch anmutenden seelischen Phänomene erfahren?

C. G. Jung hat erkannt, dass Marias Problem wie alle grundlegenden menschlichen Konflikte jenseits von Zeit und Raum stehen, also durch alle Kulturen und Epochen hindurch identisch sind. Gewisse Themen fordern Menschen immer wieder heraus, und davon wird in den Märchen der Welt seit Jahrtausenden erzählt. Wenn beispielsweise ein Märchen mit den Worten beginnt: »Es lebten einmal ein Mann und eine Frau, die waren reich und hatten alles, was sie sich wünschten, nur keine Kinder. Darüber klagte die Frau Tag und Nacht ...«, dann erfahren wir, dass sich großer Wohlstand und gleichzeitiger Mangel keineswegs ausschließen. Alles ist da, die Situation ist gut, nur ein Kind fehlt. Diese Aussage können wir als konkreten Kinderwunsch verstehen – tatsächlich fehlen in unser reichen Welt ganz real Kinder, und das wird sowohl heute als auch bereits im Märchen beklagt –, aber meistens bringt uns ein symbolisches Verständnis der Märchenbilder die entscheidenden Impulse.

Im Allgemeinen steht das Motiv Kind für zukünftiges, sich neu entwickelndes Leben. Die Märchenbotschaft lautet also: Wenn aktuell alle Wünsche erfüllt und die gesetzten Ziele erreicht sind, kann trotzdem eine Zukunftsperspektive fehlen. Maria muss somit nicht zwangsläufig den Blick auf ihre Vergangenheit richten, dort nach Fehlern oder Ursachen forschen, sondern darf nach vorne schauen. Sobald sie sich also fragt: »Was fehlt mir, obwohl mir eigentlich nichts fehlt?«, könnte die Antwort lauten: Eine neue Möglichkeit, Beziehung oder Aufgabe, die meine Zukunft lebenswert macht, mich ins Leben verwickelt, in Anspruch nimmt und herausfordert. Und dieses Neue, ein solches inneres Kind, kann wie ein leibliches Kind viel Freude bereiten, aber auch schlaflose Nächte, Erschöpfung und ein gewisses Chaos mit sich bringen. Doch bevor sich ein solches inneres Kind als neue Lebensmöglichkeit und Lebendigkeit realisieren kann, braucht es bildlich gesprochen einen Samen: das heißt Inspiration, Erschütterung oder Faszination. Was spricht uns also essentiell an und befruchtet unser Leben neu? Wir würden das häufig nicht herausfinden wollen, wenn wir zuvor keine unangenehmen Gefühle hätten. Deshalb sollten wir ihnen dankbar sein: Indem sie uns beunruhigen, motivieren sie uns, mutig die Grenzen einer mehr oder weniger heilen Welt zu überschreiten, und wecken die Sehnsucht auf neues Leben.

Neurobiologen beschreiben das als menschliche Standardsituation, in der bei fast allen Menschen eine weitgehend angeborene emotionale Basisreaktion anspringt: das sogenannte Such-System, lange Zeit auch Belohnungssystem genannt.[23] Sobald sich grundlegende Bedürfnisse wie Hunger, Durst, Schlaf, Sexualität, aber auch das Verlangen nach Anerkennung oder eine innere Leere in uns melden, weckt dieses Such-System unser Interesse an der Welt. Es macht uns in Zeiten körperlichen und auch seelischen Mangels neugierig und interessiert. Im Hypothalamus, dem wohl wichtigsten Steuerzentrum des vegetativen Nervensystems im Gehirn, befinden sich die Bedürfnisdetektoren dieses Such-Systems. Sie tasten unentwegt unsere Innenwelt ab, beschleunigen oder bremsen Bedürfnisse, um unser inneres Gleichgewicht aufrechtzuerhalten. Gesteuert wird dieses System durch den Neurotransmitter Dopamin.

Interessanterweise weiß das Such-System nicht immer, was wir brauchen. Erst die enge Zusammenarbeit mit dem Gedächtnis ermöglicht es, das jeweils Notwendige zu finden. Wenn also ein Bedürfnis befriedigt werden muss, schöpfen wir aus dem Reservoir der im Gedächtnis gespeicherten persönlichen und kollektiven Bilder. Doch diese reichen nicht aus. Es ist notwendig, unseren Fundus durch ständiges Lernen zu vergrößern. Tatsächlich gibt es biologische Anreize für ein solches Lernen durch neue Erfahrungen. Erfolgreiches Suchen wird belohnt durch ein Gefühl der Befriedigung, das durch das Neuropeptid Endorphin hervorgerufen wird.[24]

Wenn das bisherige Leben öde wird und die alten Rezepte nicht mehr taugen, motiviert uns also unser Such-System mit der Aussicht auf Belohnung, wobei es wie gesagt nicht unbedingt genau weiß, was uns fehlt. Wie und wo sollen wir also beispielsweise in einer Krise suchen? Für die Suche braucht es Aufmerksamkeit und Achtsamkeit für all das, was wir bisher in uns aber auch um uns herum übersehen haben, vielleicht auch nicht sehen wollten. Dafür benötigen wir Zeit, Kraft und Geduld. Manche spüren große Langeweile und haben das Gefühl, in zu viel Zeit zu ertrinken, andere sind permanent unter Termindruck und haben kaum ein freie Minute.

In welcher Situation auch immer Sie sich befinden: Wie wäre es, wenn Sie ihren Alltagstrott einmal bewusst stören und irritieren, also liebgewonnene Gewohnheiten ändern, vielleicht sogar radikal? Was passiert, wenn Sie einige Zeit auf Ihre üblichen Medien verzichten, sei es Fernsehen, Zeitung oder Buch? Was verändert sich, wenn Sie täglich ein halbe Stunde früher aufstehen und Ihre Gefühle, Wünsche und Träume aufschreiben, Meditieren oder Joggen? Wie ist es, wenn Ihre Zeit nicht mehr völlig ausgefüllt oder durchorganisiert ist und Sie mehr Zeit für sich haben? Spüren Sie Lust auf etwas anderes? Oder befremdet Sie die gewonnene Zeit eher?

Letzteres wäre nicht verwunderlich, denn Fremdes kann für Sie selbst oder Ihre Umgebung anfangs irritierend oder sogar beängstigend sein. Das bestätigen die Märchen: Wenn reiche Märcheneltern schließlich das erhoffte Kind bekommen, entspricht es manchmal überhaupt nicht ihren Vorstellungen und wird deshalb abgelehnt. In einem bestimmten Grimm'schen Märchen kommt ein Eselein, in einem anderen ein Igel zur Welt. Beide Tierkinder werden aber meisterhafte Musiker und zuletzt von ihrer Tierhaut erlöst. Das Wertvolle und Kostbare zeigt sich somit nicht sofort, sondern ist verborgen unter der Tierhaut und muss erlöst werden.

Lassen Sie sich beim Versuch, etwas Neues auszuprobieren, nicht gleich von einer inneren Stimme beirren, die Ihnen einflüstert: »Das ist lächerlich … nutzlos … schädlich … Du darfst nicht … Bedenke, was du hast und was auf dem Spiel steht …« Es wäre schade, wenn Sie sich auf diese Weise Ihre Neugier vermiesen oder verbieten lassen. Solche inneren Kritiker sind nicht ungewöhnlich, sie wirken in uns allen und repräsentieren Autoritätspersonen –

Eltern, Verwandte, Lehrer und andere Erwachsene –, die uns seit der Kindheit beeinflusst haben. Ihre Botschaften haben wir verinnerlicht. Da sie die Vergangenheit verkörpern, sind sie auf der Suche nach Inspiration wenig hilfreich. Als Hüter der Tradition und Ordnung wollen sie uns häufig vor Änderungen bewahren und können entmutigend wirken.

Solche hinderlichen Autoritätsstimmen müssen wir innerlich beiseitelegen, um nicht zu sehr gebremst zu werden. Das fällt besonders schwer, wenn nahestehende Menschen den Bedenken unserer inneren Kritiker zustimmen. Und falls das unsere Angst vor Verlusten verstärkt, drohen wir rückwärtsgewandt zu erstarren – ähnlich wie im Alten Testament Lots Frau, die zur Salzsäule wurde, als sie sich umdrehte und verbotenerweise zurückblickte.[25] Gerade die Schwelle zum fünfzigsten oder sechzigsten Geburtstag birgt die Gefahr, den Blick allzu sehr auf Vergangenes und Verlorenes zu richten. Vielleicht hadern oder trauern wir über schwindende Attraktivität, erste Anzeichen von Vergesslichkeit oder geringere Leistungsfähigkeit. Manches ist unwiederbringlich passé, aber könnte das Älterwerden neben schmerzlichen Verlusten nicht auch einige Gewinne mit sich bringen – insbesondere neue äußere und innere Freiräume, weil die Kinder nicht mehr versorgt werden müssen oder die Lebenserfahrung manchmal mehr Gelassenheit zulässt?

Vom Geheimnis der inneren Stimme

Um nach vorne blicken zu können, braucht es Abstand und Anregung, innere und äußere Distanz in einer anderen Umgebung. Vielleicht sollten Sie sich einen Klosteraufenthalt gönnen, ein Schweigewochenende, einen Meditations- oder Yogakurs oder eine Pilgerwanderung auf dem Jakobsweg. »Nichts wie raus aus der Gewohnheit«, wäre das grundlegende Motto. Ziel ist, mehr Raum und mehr Stille zu haben, damit Sie zu sich selbst, zu Ihren Gefühlen und Bedürfnissen wieder eine intensivere Beziehung aufnehmen können.

Wenn Sie in einer noch so kurzen Auszeit Ihre Aufmerksamkeit bewusst mehr nach innen lenken, kann das in völliger Abgeschiedenheit passieren, es muss aber nicht. Begegnungen mit fremden Menschen, die auch auf der Suche sind, bringen Sie in Berührung mit neuen Ideen und stellen (hoffentlich) Ihre bisherige Vorstellungswelt auf den Kopf – zumindest teilweise. Durch die Begegnung mit Menschen, die sich vergleichbare Fragen stellen und Antworten suchen, können Sie ein Stück Verbundenheit und Geborgenheit erfahren. Sie erleben, dass Krisen etwas ganz Natürliches und Menschliches sind und keinesfalls als Anzeichen von Verrücktheit anzusehen sind.

Im günstigsten Fall kommen Sie während Ihrer Auszeit mit etwas in Kontakt, das Sie bisher nie gedacht, gefühlt, gesehen oder für möglich gehalten hätten. Aber was davon geht Sie wirklich an? Das ist keine Kopfsache und nicht theoretisch zu beantworten. Nicht unser bewusstes Ich, sondern etwas in uns entscheidet, was begeisternd oder faszinierend wirkt. Wenn uns beispielsweise jemand ein Buch wärmstens empfiehlt, kann unsere bewusste Absicht nicht festlegen, ob es uns in Bann zieht und wir es dann nicht weglegen können. Über unser Interesse an Dingen, Aufgaben oder Menschen können wir nicht willentlich verfügen. Etwas in uns muss angesprochen und berührt werden.

Dieses Etwas könnte man als unseren Persönlichkeitskern bezeichnen, der uns ganz unmittelbar und einzigartig ausmacht. Es ist unser inneres Zentrum, unserer *spiritus rector,* von C. G. Jung als »Selbst« bezeichnet. Von diesem Persönlichkeitszentrum geht das Phänomen Faszination aus, das uns – unser Ich – ins Leben hineinzieht und verwickelt. Jedes Mal, wenn wir uns verlieben, sind wir fasziniert, ohne genau sagen zu können, warum und wieso. Es ist einfach so, es passiert uns. Wenn wir dann sagen, der Mann oder die Frau sieht gut aus, ist humorvoll, teilt meine Interessen, dann erklärt das die Anziehung nicht wirklich. Es gäbe viele Menschen mit wunderbaren Eigenschaften, aber sie rufen in uns nicht diese Resonanz hervor. Das ist ja das Schwierige auf der Suche nach einer neuen Liebe. Im Kopf können wir ein Konzept haben, sozusagen ein »Anforderungsprofil«, aber wenn wir einen ihm entsprechenden Menschen treffen, muss der Funke noch längst nicht überspringen. Der Funke entspringt nicht dem Willen des bewussten Ich, sondern unserem Persönlichkeitskern. Und von diesem Zentrum – dem Selbst – geht die Selbstverwirklichung aus. Hier wurzelt das essentielle Geheimnis unseres Lebens, damit auch unsere Berufung.

Das heißt nichts anderes, als dass jeder Mensch aufgerufen ist, sich selbst und sein Potential zu verwirklichen. Je stärker und leidenschaftlicher dieser innere Ruf aus unserem Persönlichkeitszentrum ertönt, desto weniger Chance hat unser freier Wille – unser bewusstes Ich –, sich zu widersetzen. Das spüren wir, wenn ein Engagement zur tragenden Lebensaufgabe wird. Der Ruf wird zum überwältigenden inneren Auftrag, dem manche Menschen bis zur völligen Erschöpfung Folge leisten. Aber nicht immer können wir einen inneren Ruf leicht hören, nicht immer erkennen wir schnell, was uns wirklich angeht. Hier müssen wir still, manchmal auch geduldig sein, um das leise Wort – die »Stimmung« – nicht zu überhören, das zarte Bild nicht zu übersehen.

Sobald wir von innen irgendwie gedrängt werden oder eine Faszination spüren, geht es für uns darum, ob wir Folge leisten oder ob wir uns – vielleicht erschreckt – verweigern. Denn es ist schon schwierig: Wenn wir unserer inneren Stimme folgen, gehorchen wir, und unser Ego verliert an Autonomie. Da wir in einer Zeit leben, in der Unabhängigkeit und Freiheit ein hohes Gut darstellen, erscheint uns eine solche Hingabe nicht unbedingt attraktiv. Es leuchtet ein, dass wir uns zumindest manchmal solchen inneren Impulsen auch widersetzen und das Leben kontrollieren wollen.

Genau dies ist die Zwickmühle, in der Franziska steckt: Sie hat sich verliebt, spürt, was von innen drängt, will es aber nicht zulassen, will sich – ihr Ich – nicht hingeben. Das wäre für sie verstörend. Doch die Autonomie ihres Ich, die sie so sehr schützt, hat ihren Preis und verstellt ihr wie eine Mauer den Zugang zu neuen Erfahrungen. Wenn Franziska sich kontrolliert, bleibt mehr oder weniger alles beim Alten. Aber wer will wissen, was das Angemessene für sie ist? Man kann sich schließlich auch mutig falsch entscheiden, und manchmal ist es auch angemessen, spontanen Einfällen nicht nachzugeben.

Wenn wir spüren, was uns anspricht, können wir Ja zu einem solchen inneren Impuls sagen, wir können aber auch Nein sagen und widersprechen. Dabei geht es nicht um Gehorsam oder Ungehorsam (Hingabe oder Ablehnung) gegenüber dem Unbewussten, wenn das bewusste Ich auf unbewusste Gefühle, Stimmungen, Lust, Faszination etc. bezogen ist, sondern um eine Auseinandersetzung. Manchmal wird das Ich zustimmen, manchmal sich wehren oder eine Dissonanz bewusst ertragen.

Lust oder Unlust beispielsweise sind nicht immer gute Ratgeber, und was sie zu versprechen scheinen, trifft nicht immer zu. So hat der Unternehmensberater Max zugesagt, in einer Firma einen

Wochenendworkshop zum Thema Teamentwicklung zu leiten. Eine Woche vor Beginn spürt er eine große Lustlosigkeit und würde das Seminar am liebsten absagen. Seine Partnerin wundert sich nicht, ist er doch seit Monaten überarbeitet und erschöpft und bräuchte dringend mal wieder ein freies Wochenende. Sie drängt ihn, aus Rücksicht auf seine Gesundheit abzusagen. Doch trotz seiner Müdigkeit steht er zu seiner Verpflichtung, verspricht aber, sich nicht zu sehr zu verausgaben und auch früh ins Bett zu gehen. Nach dreieinhalb Tagen intensivster Arbeit fährt er erfrischt und gut gelaunt nach Hause und das, obwohl er sehr wenig geschlafen hat. Das gemeinsame Tun war anstrengend, aber gleichzeitig kreativ, spannend und sehr belebend gewesen. Damit hatte er überhaupt nicht gerechnet, und seine gesteigerte Vitalität spürt Max noch viele Tage später. Ob er sich zu Hause auf dem Sofa auch so erholt hätte? Niemand kann es wissen, obwohl er große Lust gehabt hätte, sich derart zu schonen.

Lust und Unlust wecken in uns gewisse Erwartungen. Eine durch Lust geweckte Vorfreude kann sich erfüllen, manchmal aber auch enttäuscht werden. Und trotz anfänglicher Unlust können sich gelegentlich gute Erfahrungen ergeben. Lust, Faszination und Begeisterung drängen uns hinaus ins Leben, ohne das Versprechen, dass es uns nur gut gehen wird. Aufregend und intensiv kann das Leben werden, Schönes aber auch Leid bescheren. Faszination und Leidenschaft – wir sehnen uns danach, brauchen sie und fürchten sie gleichzeitig. Wem sie fehlen – wie Maria, die an Leere leidet –, der braucht sie; wer sie zum Greifen vor sich hat, weiß nicht immer, ob er ihrer Kraft gewachsen sein wird. Wer aber Mut zu seinem Lebensmotto macht, sagt eher Ja zu Leidenschaft und Lust, weil sie zum Leben verführen und ständig neue Begegnung, Beziehung und Konfrontation schaffen. Das Leben bleibt nicht leer, sondern wird »interessant« in der ursprünglichen etymologischen Bedeutung von »inter-esse«: Es »ist etwas dazwischen« – das sind die Fäden, die unser bewusstes Ich mit unserer inneren und der äußeren Welt verbinden. So erleben wir uns eingebunden und in Beziehung statt abgeschnitten, isoliert oder verloren.

Warum Zivilcourage sich lohnt

Am 12. September 2009 wurde der 50-jährige Dominik Brunner auf einem Münchner S-Bahnhof von zwei jungen Männern durch Schläge und Tritte schwer verletzt und starb zwei Stunden später im Krankenhaus. Er hatte sich mutig für vier Schüler eingesetzt, die von den beiden bedroht worden waren. Als die Medien über das Ereignis berichteten, reagierten viele Menschen erschüttert. Ein Mann war umgekommen, weil er anderen helfen wollte. Posthum wurde ihm das Bundesverdienstkreuz verliehen, Freunde und Weggefährten gründeten die Dominik-Brunner-Stiftung für Zivilcourage[26]. Sie will das öffentliche Bewusstsein gegen Gewalt und Brutalität mobilisieren, zur Zivilcourage ermutigen sowie Menschen und deren Angehörigen helfen, die wegen ihres selbstlosen Handelns unverschuldet gesundheitlich oder finanziell in Not geraten sind. Menschlichkeit, Nächstenliebe und Bürgersinn sollen als zentrale Werte gestärkt werden.

In unserer Gesellschaft herrscht ein breiter Konsens über die Bedeutung von Respekt und gegenseitiger Achtung. Wir wollen diese positiven Werte fördern und fordern sie auch. Wir wünschen uns, dass sich mehr Menschen für unsere gemeinsamen Grundüberzeugungen einsetzen. Wäre das bereits selbstverständlich, gäbe es keine Orden oder Preisverleihungen, denn nur weil solches Handeln immer noch außergewöhnlich ist, ehren wir es. Je mehr Menschen diese Werte aktiv im öffentlichen Raum sichtbar verteidigen, desto stärker und gefestigter wird unsere Wertegemeinschaft.

Das Schicksal von Dominik Brunner zeigt, wie gefährlich staatsbürgerlicher Mut für den Einzelnen sein kann. Wenn Menschen eingreifen, anstatt wegzusehen, sollten sie deshalb nach ihren Möglichkeiten und besonnen handeln, rät die Polizei. Das haben zwei 13 und 14 Jahre alte Schülerinnen getan, als sie in einer süddeutschen Kleinstadt einem Dieb unauffällig folgten, ihn fotografierten und seine Festnahme veranlassten. Sie bekamen ein dickes Lob von der Polizei, weil sie nicht nur geschickt, sondern auch umsichtig handelt hatten, um sich selbst nicht in Gefahr zu bringen. Der Weiße Ring belohnte dieses positive Beispiel eines engagierten und mutigen Verhaltens mit Urkunde und Büchergutschein.[27]

David gegen Goliath oder: vom Wagnis, Machthaber zu kritisieren

Mutiges Einstehen für andere und unsere Werte wird nie risikolos sein, aber wenn es gelingt, erfüllt es uns mit großem Stolz. Etwas tun können, das über das eigene individuelle Leben hinausragt, zeigt, was man vermag, und stärkt die Selbstachtung. Ehre und Respekt sind der Lohn, den man von außen erhält. Unsere Wertvorstellungen sind aber nicht unumstößlich, sondern einem ständigen Wandel unterworfen, der sich im Zeitgeist spiegelt. Die jeweilige Staatsform mit ihrem Menschenbild und die religiösen Überzeugungen beeinflussen unsere Grundwerte. Deshalb kann es keinen gleichartigen Mut für alle Länder und alle Zeiten geben. Was in der westlichen Welt selbstverständliches Recht ist und nicht mehr mutig erkämpft werden muss, kann in anderen Teilen der Welt völlig anders bewertet werden.

So klingt es für uns befremdlich, wenn laut Schätzungen der UN bis heute jede zweite Braut im Jemen als Minderjährige verheiratet wird.[28] Nach dem dort gültigen Familienrecht können Mädchen verheiratet werden, sobald sie bereit dazu sind. Bestimmt wird dieser Zeitpunkt aber üblicherweise nicht von ihnen selbst, sondern von den Vätern. Die Mädchen sind den Entscheidungen der Familie ausgeliefert. Doch seit etwa zwei Jahren begehren einige Mädchen auf. Die erste von ihnen war die zehnjährige Nojoud Ali. Sie hasste es, eine Ehefrau zu sein, und um nicht immer bei ihrem brutalen Mann bleiben zu müssen, blieb ihr nur der Weg zum Gericht. Sie dachte sich: »Es ist nicht richtig, dass ich verheiratet bin, während andere Mädchen zur Schule gehen dürfen und spielen können.« 2008 erkämpfte sie mit ihrer Anwältin Schada Nasser als erste Kinderbraut im Jemen ihre Scheidung. Als sie sich scheiden ließ, wollten Journalisten aus aller Welt ein Interview. Das amerikanische Magazin *Cosmopolitan* wählte sie zur »Woman of the Year«.[29] Ihre Autobiografie *Ich, Nojoud, zehn Jahre, geschieden* wurde zum Bestseller. Für alle scheidungswilligen Mädchen gilt aber: Nur wenn sie von ihren Herkunftsfamilien wieder aufgenommen werden – und das ist nur mit der Unterstützung ihrer Väter möglich –, haben die Mädchen eine Chance, ansonsten müssen sie bei den Ehemännern bleiben.

Nojoud hat Zivilcourage gezeigt. In ihrer persönlichen Not hat sie sich öffentlich exponiert und ist für ihre persönliche Überzeugung eingestanden, die im krassen Widerspruch zu den gültigen

Wertvorstellungen und Gesetzen steht. Sie konnte nicht sicher sein, ob ihr Ehemann, ihre Familie oder der Staat nicht unbarmherzig reagieren und sie schwer bestrafen würden. Diese Form der Zivilcourage ist besonders gefährlich, weil sie sich nicht für die herrschende Überzeugung, sondern gegen das Establishment und die Autorität der jeweiligen Machthaber richtet. Der Machtapparat und herrschende Kräfteverhältnisse werden angegriffen. In einer solchen Konfrontation stehen sich ungleiche Kräfte gegenüber, vergleichbar David gegen Goliath.

Weitere eindrückliche historische Beispiele gibt es viele. So wagte vor etwa 500 Jahren Martin Luther, gegen Papst und Kaiser, gegen kirchliches und weltliches Recht aufzustehen. Er nannte die Missstände in der katholischen Kirche öffentlich beim Namen, um die Kirche zur Besinnung auf ihren wahren Auftrag zu bringen. Ein besonderer Ausdruck von Dekadenz war für ihn der Ablasshandel, bei dem Sünden gegen Geld verrechnet wurden. Als Luther am 10. Dezember 1520 die päpstliche Bulle mit der Androhung des Kirchenbanns erhielt, warf er sie unter Beifall von Studenten und Anhängern mitsamt drei Bänden Kirchenrecht ins Feuer. Wenige Wochen später schrieb er seine berühmte Schrift *Von der Freiheit eines Christenmenschen*. Luther wusste um die Lebensgefahr, in der er als Ketzer schwebte, trotzdem war er auf dem Wormser Reichstag 1521 nicht bereit, seine Ansichten zu widerrufen. Gegen das eigene Gewissen zu handeln, sei ihm weder möglich noch heilsam, war seine tiefe Überzeugung. Zwar verbot der Kaiser anschließend im gesamten Reich, Luther zu unterstützen, zu beherbergen und seine Texte zu lesen, aber die Reformation ließ sich nicht mehr aufhalten.

Für ein zweites Beispiel will ich etwas mehr als fünfzig Jahre zurückgehen: Am 1. Dezember 1955 weigerte sich die Afroamerikanerin Rosa Parks, ihren Sitzplatz in einem städtischen Bus in Montgomery für einen Weißen zu räumen. Daraufhin wurde sie verhaftet und ins Stadtgefängnis gesperrt. Sie willigte ein, ihren Fall publik zu machen und dem gewaltfreien Widerstand gegen die Rassendiskriminierung ihr Gesicht zu geben, wohl wissend, dass sie damit nicht nur sich selbst, sondern auch ihren Ehemann und ihre Mutter in Schwierigkeiten bringen würde. Ihr Verhalten war Anlass zu einem Boykottaufruf. Zeitungen und Geistliche forderten die Schwarzen auf, nicht länger Bus zu fahren. Bereits am

5. Dezember 1955 benutzte kaum einer der 40 000 afroamerikanischen Bewohner von Montgomery einen Bus, obwohl es regnete. Stattdessen bildeten sie Fahrgemeinschaften, stellten sich als Anhalter an den Straßenrand oder nahmen ein Taxi von einem der achtzehn von Afroamerikanern geführten Taxiunternehmen in Montgomery, die aus Solidarität nur den Preis einer Busfahrkarte verlangten. Viele Afroamerikaner gingen zu Fuß, nicht selten singend und in Gruppen.

Die Weißen reagierten aufgebracht, denn die Verkehrsbetriebe von Montgomery fuhren nun Tag für Tag Verluste ein und die Geschäfte klagten über Umsatzeinbußen. Das soziale Gefüge war erschüttert. Es folgten Einschüchterungsversuche durch Kündigungen, Verhaftungen und Bombenanschläge. Daraufhin sammelten die Kirchen für die in Not geratenen Afroamerikaner Geld. Bereits ein Jahr später, am 20. Dezember 1956, traf das schriftliche Urteil des Supreme Court ein: Die Rassentrennung in den Bussen von Montgomery musste aufgehoben werden, und die Afroamerikaner beendeten nach 382 Tagen den Boykott der Busse. Martin Luther King und andere Führer der damals gegründeten Bürgerrechtsbewegung benutzten einen Tag später den ersten öffentlichen Bus in Montgomery ohne Rassentrennung. Rosa Parks schrieb später in ihrer Autobiografie, sie sei es leid gewesen, immer nur nach zugeben, und betonte, nicht geahnt zu haben, welche Folgen ihre kleine Aktion haben würde.

Lehren uns diese Beispiele etwas über den Schlüssel zum Erfolg von Zivilcourage? Schon die Bibel erzählt, dass David in seinem Kampf gegen den übermächtigen Goliath sich auf Gott beruft und in der Gewissheit seines Schutzes angreift: Er ist nicht allein.[30] David ist bezogen auf eine höhere Macht, die über sein Ego – sein bewusstes Ich – weit hinausreicht, und dadurch weicht die Angst. Spirituell verankert fällt es leicht, mutig zu sein. Wer es also wagt, den Mächtigen zu widersprechen, dem hilft sein unerschütterlicher Glaube. Innere Überzeugungen, die nicht in der Vernunft, sondern in der Metaphysik wurzeln, können ungeahnte Kräfte mobilisieren und ermöglichen, sogar den eigenen Tod zu riskieren. Das Leben von Martin Luther etwa zeigt, dass eine starke Glaubensgewissheit jedem Machthaber überlegen sein und Kirchen, politische Systeme oder Ideologien zum Einsturz bringen kann. Aber wie viele Menschen, die wie Luther oder David leidenschaftlich überzeugt von ihren Werten waren, sind als Ketzer, wegen Hochverrats oder als Staatsfeinde getötet worden?

Der feste Glaube allein ist keine Erfolgsgarantie. Im Widerstand gegen eine Staatsmacht braucht es Öffentlichkeit. Luther stand bereits der Buchdruck zur Verfügung, die Bürgerrechtsbewegung in Montgomery hatte die lokale Presse hinter sich, und im Zeitalter des Internets konnte die Geschichte von Nojoud Ali schnell in der ganzen Welt bekannt werden. Medien sind ein Schlüssel, denn je mehr Menschen informiert werden, desto stärker können Keime der Unzufriedenheit wachsen und sich solidarisch verbinden. Kraftvolle Opposition entsteht. Der Prager Frühling oder der niedergeschlagene Volksaufstand in der ehemaligen DDR erinnern aber daran, dass auch gemeinschaftliche Aktionen brutal erstickt werden können. Was ein gemeinsamer Widerstand gegen eine Obrigkeit bewirken kann, ist nicht vorhersehbar.

Der Erfolg ist keine Rechnung mit bekannten Faktoren, die einfach zu lösen ist. Es bleibt immer auch ein nicht ganz fassbares Geheimnis, wieso ein Widerstand zu einem historischen Durchbruch wird. Bereits vor Rosa Parks haben Menschen gewagt, die Sitzordnung in Bussen nicht zu beachten, aber erst mit ihrem Schritt kam eine Lawine ins Rollen, die kraftvoll genug war, alte Dämme zu brechen. Es scheint, dass die Zeit für einen Wertewandel günstig und reif sein muss. Der richtige Zeitpunkt – der schon erwähnte Kairos – ist entscheidend. So hat es auch viele Jahrzehnte gedauert, bis Menschen ihren erlittenen sexuellen Missbrauch in Institutionen öffentlich machen und die Gesellschaft aufrütteln konnten. Das Schweigen zu brechen und öffentliches Interesse herzustellen, hat auch hier die Täter entmachtet.

Für uns und unsere Politiker ist es leicht, die Zivilcourage von Martin Luther, Rosa Parks, Nelson Mandela und anderen zu bewundern und zu loben, dass diese Menschen sich heldenhaft unter großer Gefahr für etwas eingesetzt haben, das wir heute alle hochschätzen. Die Sicht der damaligen Machthaber war völlig konträr: Diese Menschen waren ihre Feinde und Gegner. Während also die eine Form der Zivilcourage für gemeinsame Grundwerte einsteht, zeigt die zweite Form einen anderen Charakter: Sie wendet sich gegen bestehende Überzeugungen, tradierte Strukturen und gefährdet häufig die Mächtigen. Diese Zivilcourage ist für die Herrschenden und ihre Überzeugungen nicht wünschenswert, denn sie stellt ihre Arbeit, ihre Absichten oder ihr Amt in Frage. Eine solche Form der Zivilcourage richtet sich deshalb in einer Demokratie wie der unseren nie gegen dieselben Machenschaften wie bei einem totalitären Regime, sondern muss die bei uns vorhandenen Tabus oder blinde Flecken ins Rampenlicht zerren und angreifen.

Hofnarren und Provokateure brauchen wir auch heute

Wenn in unserem Land ein verantwortlicher Politiker sich empört, weil ein Bürger die rote Linie überschritten und quasi eine »no go area« mit seinen Thesen betreten hat, dann könnte beim Provokateur Zivilcourage im Spiel sein. Denn solche Stopplinien sanktionieren die Freiheit des Denkens und somit die Meinungsfreiheit. So kann man sagen, dass Thilo Sarrazin und sein Buch *Deutschland schafft sich ab*[31] – trotz aller berechtigten Kritik an seinen Fremdenfeindlichkeit und Islamphobie schürenden Äußerungen – in diesem Sinne zu einem Stein des Anstoßes wurden. Der Bundesbankvorstand hat mit seinen umstrittenen und von vielen als rassistisch empfundenen Thesen den Zorn der Regierung, vieler Politiker und zahlreicher um Integration bemühter Menschen auf sich gezogen. Die große Empörung beweist aber auch, wie zielsicher Thilo Sarrazin in ein Wespennest gestochen hat, mitten hinein in eine tiefe Wunde, die aus Machbarkeitswahn, Naivität und Betulichkeit besteht. Er hat gewagt, sie öffentlich bloßzustellen.

Die Politikwissenschaftlerin und Historikerin Cora Stephan entlarvt präzise, wie unsere politische Elite ungeliebte Wahrheiten über die Einwanderungspolitik weder sich selbst noch anderen zumuten will.[32] Auch sie weiß, dass Sarrazin sich in vielem gründlich verrannt hat und dass viele seiner Thesen, z. B. die von der in der Oberschicht konzentrierten erblichen Intelligenz, nicht haltbar sind. Er hat mit seinen Thesen nicht recht, aber auch nicht völlig unrecht, und Dank der hohen Zustimmung, die Sarrazin von Teilen der Bevölkerung bekam, wurden die Politiker doch noch zu mehr Auseinandersetzung mit dem Thema Zuwanderung gezwungen. Insofern kommt Bewegung in die Debatte und genau das bezweckt Zivilcourage. Aber was im Mittelalter für Martin Luther und in der Neuzeit für Rosa Parks galt, hat auch heute noch Gültigkeit: Zivilcourage war und ist gefährlich. Sei eh und je verstehen die Mächtigen sie als Nestbeschmutzung und versuchen, die Provokateure zu verbannen, zu beschädigen oder mindestens mundtot zu machen.

Wer unbequeme Meinungen als völlig närrisch oder einfältig abtut, möge sich daran erinnern, dass Narren nicht immer ganz falsch liegen, selbst wenn sie verrückt erscheinen. Aber sie machen sich nicht die übliche Sichtweise zu eigen, sondern betrachten die Dinge auf eine andere Art und Weise, sind im wahrsten Sinne des Wortes »ab-wegig«. In früheren Zeiten durfte der Hofnarr dem Herrscher als Einziger den Spiegel vorhalten. Und was darin zu sehen war, war nicht immer erfreulich, sondern rückte manch schön gefärbtes Bild zurecht und brachte schmerzhafte Dinge ans Licht. Wenn in Goethes *Faust II* der Teufel als Hofnarr auftritt, könnte das als Metapher sagen: Alles, was wir heute verteufeln, alles was wir verdrängen und verpönen, stellt uns immer wieder in Frage. Wie viel wert ist eine Meinungsfreiheit, die Mohammed-Karikaturen schützt – sie stören unsere eigenen Glaubenssätze ja nicht –, aber Aussagen verteufelt und nicht hören will, die uns scharf kritisieren? Erst wenn wir selbst ins Mark getroffen werden, können wir nachempfinden, was es für Gläubige bedeutet, mit Blasphemie konfrontiert zu sein. Wir können in sehr unterschiedlichen Wertegesellschaften nicht die jeweiligen kontroversen Inhalte vergleichen, sondern nur das emotional identische Erlebnis. Auf dieser Ebene wird uns die Empörung des Gegenübers begreiflich, und es wird schlagartig klar, warum provokative Menschen in jedem politischen System rasch zu Feinden des Establishments werden können.

Weil moralische Überzeugungen in verschiedenen Kulturen und Zeitepochen unterschiedlich sind, können sie in der Regel keine objektive Gültigkeit beanspruchen, sondern besitzen meistens vorläufigen Charakter. Trotzdem tun eine Gesellschaft und die führenden Politiker gut daran, ihre jeweilige Weltanschauung zu verteidigen, denn sie gibt der Gemeinschaft Halt, Orientierung und Sicherheit. Damit aus einer guten Stabilität aber keine Starrheit wird, braucht es immer wieder Außenseiter mit Zivilcourage, die Unruhe stiften und gängige Überzeugungen nicht länger hinnehmen. Auch die Jugendrichterin Kirsten Heisig[33] hat eine solche Zivilcourage bewiesen, indem sie ein weit verbreitetes Menschenbild angezweifelt und Missstände angeprangert hat. Während ihrer zwanzigjährigen Tätigkeit in der Berliner Strafjustiz – überwiegend als Jugendrichterin – beobachtete sie eine zunehmende Ohnmacht des Staates gegenüber mehrfach straffällig gewordenen jugendlichen Gewalttätern. Ihre Kritik zielt auf ein Menschenbild, das Täter überwiegend als Gestrauchelte begreift, die nahezu unfreiwillig in kriminelle Handlungen hineinschlittern und als Opfer familiärer oder sozialer Missstände hilfsbedürftig sind. Wenn bei solchen Tätern Hilfsangebote ins Leere laufen, plädierte sie für eine konsequente Durchsetzung repressiver, also strafender Maßnahmen einschließlich geschlossener Unterbringungsmöglichkeiten. Das brachte ihr den Namen »Richterin Gnadenlos« ein. Kirsten Heisig hat ein Tabu berührt: Wenn einige Täter weder ein straffreies Leben führen wollen noch Wert auf Hilfsangebote oder Förderung legen, dann stoßen wir an eine Grenze, die uns verunmöglicht zu helfen, also Gutes zu tun. Es fällt schwer zu akzeptieren, dass wir manche Jugendliche nicht erreichen oder in unserem Sinne günstig beeinflussen können. Und es fällt noch schwerer, deshalb womöglich in die Rolle des Strafenden zu geraten.

Zivilcourage ist selten. Wahrscheinlich haben nur wenige Menschen überhaupt die Kraft und den Willen dazu. Meistens sind wir überfordert und fühlen uns ihr nicht gewachsen. Es wäre menschlich, uns diese Schwäche ehrlich einzugestehen und bescheiden zu werden. Wer würde beispielsweise von sich behaupten, mutig gegen das Regime der Nazis oder der Stasi aufgestanden zu sein? Mit aller Konsequenz? Und welche einflussreichen Politiker oder Unternehmer wagen es heute, die chinesische Regierung deutlich zu kritisieren, wie es der Friedensnobelpreisträger des Jahres 2010, Liu Xiaobo, getan hat, obwohl ihre persönliche Sicherheit bei weitem nicht so gefährdet ist wie seine? Viele Mächtige lassen sich bereits durch drohende wirtschaftliche Nachteile entmutigen. Sie sind nicht so stark, mutig und mächtig, wie wir denken oder es gerne hätten. Es wäre aber schäbig, darauf hämisch mit dem Finger zu zeigen. Wir sollten weder uns noch andere überfordern. Und häufig ist natürlich auch die Fähigkeit zum vorsichtigen Dialog gefragt; sie ist nicht nur feige, sondern kann durchaus auch helfen, Beziehungen schrittweise zu festigen, um für einen späteren Zeitpunkt Raum für Kritik zu eröffnen. Trotzdem gilt unsere Bewunderung heute vor allem mutigen Menschen wie Liu Xiaobo, und wenn wir ihn und andere unterstützen, wächst vielleicht auch in uns die Kraft, im richtigen Moment mit Zivilcourage zu handeln.

Übung: Wie fasse ich mir ein Herz?

Selbstbewusstsein

Nennen Sie drei Ihrer Stärken, »positiven« Eigenschaften oder Fähigkeiten. Suchen Sie anschließend drei Schwächen. Fällt es Ihnen leichter Stärken oder Schwächen bei sich zu finden? Haben Sie eine Erklärung dafür?

Haben Sie den Mut, anderen Ihre Stärken oder Schwächen zu zeigen? Wem würden Sie was sagen und wem nicht? Wieso?

Wer hat den Mut, Sie zu kritisieren? Und wer nicht? Können Sie sich vorstellen, warum das so ist? Versuchen Sie, sich darüber mit jemandem auszutauschen.

Fordern Sie eine andere Person auf, von außen Ihre Stärken und Schwächen zu beschreiben. Wie fühlen Sie sich dabei? Und wie fühlt sich die andere Person?

Herz

Wann wurden Sie in Ihrem Leben durch Liebe ermutigt? Was wurde dadurch möglich, vielleicht sogar ohne große Mühe? Was löst die Erinnerung in Ihnen aus? Könnte diese Erfahrung eine Ressource für heutige Aufgaben sein?

Können Sie auch hassen? Wenn ja, wen oder was? Und warum? Was bewirkt der Hass? Wie gehen Sie damit um?

Selbstvertrauen

Wie ausgeprägt ist Ihr Selbstvertrauen auf einer Skala von 0 bis 10? Was denken Sie darüber? Wie sieht das eine nahestehende Person? Falls die Bewertung unterschiedlich ausfällt, wie fühlt sich das für Sie an? Diskutieren Sie darüber.

Wie ausgeprägt schätzen Sie Ihre Tendenz zu Eigenständigkeit und Unabhängigkeit auf einer Skala von 0 bis 10 ein? Wie sieht das eine nahestehende Person? Diskutieren Sie über mögliche Unterschiede in der Einschätzung.

Falls Sie ein hohes Autonomiebedürfnis spüren, horchen Sie in sich hinein: Wurzelt Ihr Unabhängigkeitsbedürfnis überwiegend in der Angst vor Bindung und Nähe? Müssen Sie also enge Beziehungen eher meiden, weil Sie diese als bedrohlich für sich erleben? Oder können Sie vertrauensvolle, nahe Bindungen zulassen, sich dabei immer wieder abgrenzen und ohne Schuldgefühle an Ihrer Eigenständigkeit freuen und sie genießen?

Die entmutigende Stimme

Was entmutigt Sie: eine innere Autorität, ein Bremser, ein schlechtes Gewissen oder etwas anderes? Versuchen Sie, ein passendes Bild für die wichtigste entmutigende Stimme zu finden. Ist es eine Person oder passt ein anderes Symbol? Und wenn Sie ein treffendes Bild gefunden haben: Wie können Sie diese Stimme bei Bedarf am besten zum Schweigen bringen? Passt das Symbol in einen Koffer? Soll die Person ins Gästezimmer oder viel weiter weg, etwa auf den Mond? Ist die Stimme penetrant und muss deshalb manchmal weggesperrt werden? Können Sie mit ihr verhandeln? Entwerfen Sie einen inneren Film!

Mut braucht Kraft

Wann und warum sind wir feige?

In den letzten Jahren berichten die Medien immer wieder von spektakulären Überfällen. Menschen werden auf der Straße brutal ausgeraubt oder zusammengeschlagen, ohne dass die umstehenden Zuschauer eingreifen und helfen. Eine solche Feigheit macht ratlos, manchmal auch wütend. Wie ist das möglich? Was könnten die Hintergründe dieser Passivität sein?

Einige Menschen fühlen sich in solchen Situation hilflos und überfordert. Sie wissen nicht, wie sie angemessen reagieren sollen oder ob ihnen das gelingen würde. Manche befürchten, sie könnten einen Fehler machen und hinterher zur Rechenschaft gezogen werden oder sich selbst in Gefahr bringen. Aus Angst und Hilflosigkeit reagieren Menschen häufig zögerlich und fühlen sich schutzbedürftig. Sie beobachten dann zunächst, was andere tun, um sich schließlich auf die Seite der Mehrheit zu schlagen. Wenn alle distanziert wegschauen, wird das schon richtig sein, meinen sie. Solche Gedanken beruhigen und entlasten. Die Verantwortung lastet auf der Gruppe, die nichts tut. Manchmal will auch niemand der Erste sein: »Bloß nicht vorpreschen!«, lautet das Motto. »Wer weiß, wie die anderen das finden? Und außerdem könnten die anderen doch auch etwas tun, warum denn ausgerechnet ich?« Wer mutig als Erster reagiert, exponiert sich und wagt, die Moral der restlichen Gruppe in Frage zu stellen. Doch manchmal fühlen sich Menschen einfach nicht angesprochen, sie sind aus Desinteresse träge und feige. Sie verspüren keinerlei Impuls, sich einzumischen. Andere wiederum erleben sich als Kinozuschauer eines Krimis und warten einfach gespannt ab, wie der »Film« weitergeht.

Falls in einer solchen Situation Menschen zu Schaden kommen, wird anschließend heftig über alternative Verhaltensweisen diskutiert, die wünschenswert gewesen wären. Doch hinterher ist man immer schlauer. Letztlich kann man nie wissen, ob eine Wendung zum Besseren möglich gewesen wäre, wenn jemand beherzt eingegriffen hätte. Eine solche Diskussion ist eine theoretische Auseinandersetzung um Ideale. Dennoch sind diese Wertedebatten nicht grundsätzlich nutzlos, denn Ideale können unseren Mut wecken. Wenn sie jedoch überzogen sind, können sie auch jeden Mut bereits im Keim ersticken und uns feige machen. Mutkiller sind Ideale, die unrealistisch oder unerreichbar sind, wie das folgende Beispiel zeigt:

Wolfgang, niedergelassener Physiotherapeut, hat vor zwei Jahren seine Frau Claudia durch eine Brustkrebserkrankung verloren. Als er sie vor fünf Jahren kennenlernte, war es Liebe auf den ersten Blick gewesen. Bis heute vermisst er sie, ihre körperliche Nähe, die intensiven Gespräche vor dem Kamin und das gemeinsame Kochen. Das Alleinsein im Haus ist ihm mittlerweile unerträglich. Er spürt, dass er nicht alleine bleiben kann, und wünscht sich eine neue Partnerschaft. Aber keine noch so attraktive Frau kommt an seine verstorbene Claudia heran. Irgendwo ist immer etwas nicht ganz stimmig. Das ärgert ihn. Er weiß um seine hohen Ansprüche, aber wieso sollte er Abstriche machen? Wäre das nicht halbherzig und von vornherein zum Scheitern verurteilt?

Der plötzliche Verlust einer Beziehung ist ein Schock. Und wenn die Welt vor dem Einschnitt in Ordnung war, schleicht sich manchmal eine mehr oder weniger unbewusste Hoffnung ein, es könnte einen gleichwertigen Ersatz geben. Vielleicht entwickelt sich sogar eine Anspruchshaltung, dass alles wieder genau so wie früher werden soll. Die Vergangenheit wird idealisiert, sie erscheint fast heilig, unantastbar und darf nicht kritisiert oder in Frage gestellt werden. Es ist unerträglich, sie loszulassen, und der Bruch mit ihr soll ungeschehen gemacht werden.

In einer solchen Situation werden potentielle neue Partner sehr kritisch unter die Lupe genommen, und meistens bestehen sie den Vergleich mit der Vergangenheit nicht. Kein Wunder, denn jeder Mensch ist anders; keiner kann einen anderen vollkommen ersetzen. Wenn wir aber an dem Verlust festhalten, führt das zu Erstarrung und Feigheit: Feigheit vor Veränderung und vor allem Neuen. Ein anderer Mensch und die neue Beziehung bekommen keine wirkliche Chance.

Sehnsucht nach Perfektion

Sollte es uns gelingen, neben dem Verlustschmerz auch Dankbarkeit für die Vergangenheit zuzulassen, können wir beginnen, uns von ihr zu lösen. Das geteilte Stück Lebensweg, gemeinsame Erfahrungen und Freuden, all das kann uns nicht genommen werden. Die Bereicherung bleibt als Erinnerung in uns und wirkt als Ressource weiter. Trotz Abschied lebt das Erfahrene in uns, aber nicht als Anspruch für die Zukunft, sondern als ein Teil von uns, der gebührend Platz in unserem Leben erhält. Daneben kann langsam Raum entstehen für etwas ganz Neues, wiederum Einzigartiges.

Idealisiert und festgehalten werden nicht nur verstorbene, sondern auch lebende Menschen oder innere Vorstellungsbilder. Viele leiden unter dem unerreichbaren Vorbild des erfolgreichen Vaters oder der großen Schwester, die Familie und Karriere problemlos unter einen Hut gebracht hat. Jeder von uns trägt Idealvorstellungen in sich, die durch frühe Erfahrungen, durch die Werbung oder den Zeitgeist geprägt sind. Sie können uns anspornen, unser Potential zu entwickeln, das Beste aus uns selbst herauszuholen oder Positives von anderen Menschen zu erwarten, auf die wir diese Ideale projizieren. Das ist aber nur der Fall, wenn wir uns selbst oder andere an realisierbaren Idealen messen. Innere Bilder von der perfekten Frau oder dem Traumprinzen können uns dagegen entmutigen. Je größer die Kluft zwischen unseren Idealbildern und der möglichen Realität, desto geringer ist die Chance, dass sie Wirklichkeit werden.

Falsche Ideale sind unerreichbar, können gnadenlos und unmenschlich perfekt sein. Wenn wir versuchen, einem zu perfekten Menschenbild nachzueifern, können wir unter dem Anpassungsdruck zunehmend unsere eigene Identität verlieren. Je weniger wir einem Bild ähneln, dem wir zu entsprechen suchen, desto mehr Anstrengung braucht es, solchen zu hohen Erwartungen gerecht zu werden. Das ist frustrierend, kräftezehrend und bleibt letztlich chancenlos. Und wenn wir andererseits nach dem idealen Partner suchen, kann es sein, dass wir uns auf eine lebenslange Suche begeben – und nie ankommen. Die Hoffnung, einen Menschen zu finden, der solche überhöhten Ansprüche erfüllen kann, wird meist enttäuscht.

Erst wenn wir die unerreichbaren Idealbilder, woher auch immer sie stammen, opfern, können Neugier und Mut zurückkehren. Schmerz, Trauer, auch Angst oder Wut sind die Begleiter eines solchen Loslassprozesses, aber auch Bescheidenheit und Demut.

Geopfert wird dann ein narzisstisches Schwarz-Weiß-Denken, das nur das Allerbeste gelten lassen will und dem Neuen keine Chance lässt.

Wenn wir beispielsweise nicht den Mut haben, Kinder in die Welt zu setzen, weil es zu viel Gräuel und Missstände in der Welt gibt, oder wenn wir kein Fleisch von Biohöfen essen wollen, weil dies angesichts des Problems der weltweiten Massentierhaltung ohnehin nur ein Tropfen auf dem heißen Stein ist, dann wollen wir den ganz großen Wurf – oder eben gar nichts. Damit entmutigen wir diejenigen, die sich bemühen, in kleinen Schritten im Rahmen ihrer Möglichkeiten etwas zu verändern. Wer sich zur Aufgabe macht, das Destruktive oder Böse der ganzen Welt zu beseitigen, wird erdrückt; dieser hohe Anspruch ist zum Verzweifeln. Wer wagt da, noch mutig zu handeln?

Feige Menschen weichen der Auseinandersetzung mit sich selbst und anderen aus, manchmal auf heimtückische Art und Weise. Wenn jemand Fahrerflucht begeht, macht er sich nicht nur strafbar, sondern handelt feige. Er schiebt die Verantwortung von sich, versteckt sich wie ein Kind, das etwas ausgefressen hat. Der persönliche Vorteil zählt. Wer seinem Nachbarn das tolle Auto nicht gönnt und voll Neid heimlich mit seinem Schlüssel den Lack zerkratzt, handelt feige. Das ist destruktiv, und zwar nicht nur für den Autobesitzer. Der heimliche Neider kommt nicht weiter, hat keinen wirklichen Gewinn von seiner Aktion – außer dass er seine Zerstörungslust genießt. Neidgefühle sind unangenehm, manchmal ziemlich quälend, und viele schämen sich dafür. Aber sie zeigen uns, was wir uns wünschen und was uns vielleicht glücklich machen könnte. Wenn wir uns gegenseitig gestehen würden, wen wir um was beneiden, bekämen wir wahrscheinlich sehr unterschiedliche und überraschende Antworten. Was für die einen sehr begehrenswert ist, kann für andere völlig unwichtig oder belanglos sein. Der eine neidet dem Kollegen das schöne Haus, ein anderer ist froh, dass ihm die finanziellen Lasten und die Arbeit für ein solches Anwesen erspart bleiben. Der eine neidet dem Nachbarn das luxuriöse, schnelle Auto, für einen anderen wäre es völlig ungeeignet, weil er einen robusten Untersatz braucht oder nur mit öffentlichen Verkehrsmitteln fährt.

Unsere Neidgefühle verhüllen und enthüllen unsere Begehrlichkeiten; wir können sie für uns nutzen oder gegen andere ausleben. Wenn wir nämlich andere Menschen beneiden, wird ein Unterschied deutlich: Wir haben etwas Attraktives nicht, die anderen aber schon. Das kann eine tolle Figur, eine schöne Wohnung, eine Karriere und vieles mehr sein. Dieser Unterschied macht uns zu schaffen. Manchmal können wir ihn ausgleichen, indem wir uns anstrengen, also für unsere Wünsche etwas tun. Vielleicht müssen wir mehr Sport treiben, unsere Wohnung renovieren, uns weiterbilden oder Geld sparen. Manche Wünsche müssen aber beerdigt werden und bleiben unerfüllbare Träume. Das ist bitter, aber unvermeidlich.

Unterschiede haben laut neuroökonomischen Untersuchungen eine direkte und erhebliche Auswirkung auf unser Wohlbefinden. Wenn wir eine Million Euro bekommen, ist das eine tolle Sache. Aber unser Wohlbefinden hängt nicht allein vom absoluten Betrag ab, sondern vom Vergleich mit Kollegen. Wenn andere auch eine Million Euro bekommen, dann macht der Gewinn vielen weniger Spaß. Bekommen andere deutlich weniger, können sie den Gewinn mehr genießen. Es gibt aber auch Menschen, die sich keinen exorbitant hohen Lottogewinn wünschen, weil sie befürchten, durch den Unterschied aus ihrem Freundeskreis herauszufallen. Menschen sind also keine reinen Nutzenmaximierer. Unsere Befriedigung wird direkt von den Unterschieden in unserem sozialen und gesellschaftlichen Umfeld beeinflusst. Neid zielt zunächst auf Gleichheit: Man will haben, was der andere auch hat. Wäre aber Gleichheit erreicht, käme es bei vielen Neidern rasch zu Unzufriedenheit, denn sie brauchen mehr, um sich wohlzufühlen.

Wertschätzende Kritik wagen

Mit unangenehmen Wahrheiten und Gefühlen tun wir uns häufig schwer. Was würden Sie auf Fragen wie diese antworten: »Schatz, bin ich zu dick?« – »Gefällt dir meine neue Frisur?« – »Schmeckt dir mein Essen?« Wenn Sie sich vorstellen können, hier offen und spontan die Wahrheit zu sagen oder sogar kritische Gedanken zu äußern, gehören Sie zu einer Minderheit. Laut Umfragen trauen sich bis zu zwei Drittel der Menschen nicht, ein negatives Votum laut zu sagen. In engen Beziehungen scheinen uns kritische Bemerkungen besonders schwerzufallen. Aber warum werden zahlreiche Menschen in solchen Situationen feige? Instinktiv spüren sie, in welche komplizierten Konfliktfelder – manchmal regelrechte

Minenfelder – sie durch ihre Antworten geraten können. Wollen wir einen geliebten Menschen durch kritische Bemerkungen kränken oder verletzen? Wohl kaum. Wollen wir riskieren, dass unsere Kritik als Lieblosigkeit missverstanden wird? Auch nicht. Deshalb bevorzugen viele, den anderen um des lieben Frieden willens zu schonen, anstatt ihm mutig eine kritische Rückmeldung zuzumuten. Aber wenn wir versäumen, eine unvorteilhafte Frisur oder Kleidung zu kritisieren, hat der andere nicht die Möglichkeit, seinen eigenen Geschmack zu differenzieren.

Kritik tut weh, kann aber dazu anregen, die eigene Einschätzung nochmals zu hinterfragen. Ist der Mantel oder die Frisur wirklich ein Missgriff? Vielleicht behält man die eigene Meinung bei, vielleicht modifiziert man sein Urteil. Doch häufig wird eine kritische Antwort als Angriff erlebt, und das passiert besonders gerne, wenn gesagt wird: »Du bist zu dick!«, oder: »Dieser Mantel ist völlig unmöglich.« Eine solche Feststellung – die als objektiv gültiges Urteil erscheint – kann andere leicht deprimieren. Dabei sind unsere Einschätzungen keine objektiven, sondern subjektive Wahrheiten. Was schlank oder dick ist, wird unterschiedlich eingeschätzt. Und manchen Menschen gefällt der Mantel, anderen dagegen nicht. Wenn wir diese Subjektivität betonen, z. B. indem wir einen Satz etwa beginnen mit: »Ich habe den Eindruck … Mich stört … Ich erlebe …« unterstreichen wir, dass es um unseren ganz persönlichen Eindruck geht, der keinen Anspruch auf absolute Gültigkeit haben will. Rückmeldungen, die deutlich als »Ich-Botschaften« formuliert werden, greifen das Gegenüber nicht an. Gleichzeitig werden unterschiedliche Wertungen und Differenzen nicht pauschal abgewertet, sondern beachtet, nach dem Motto: »Ich sehe das für mich so, und wie siehst du das für dich?«

Aber könnte nicht gerade diese Betonung des jeweils eigenen Standpunktes eine Beziehung zerstören, zumal zahlreiche Menschen dazu neigen, sich vollständig wertlos oder ungeliebt zu fühlen, wenn sie eine gewisse Distanz spüren? Meines Erachtens bieten die Ich-Botschaften am ehesten die Chance, Distanz ertragen zu lernen, weil sie erfahrbar machen können, dass eine Differenz nicht gegen den anderen gerichtet sein muss, sondern einfach eigene Bedürfnisse zulässt. Wenn ich beispielsweise alleine ins Kino gehe, weil mich ein bestimmter Film interessiert, dann tue ich etwas für mich. Das richtet sich nicht gegen den Partner, der keine Lust auf diesen Film hat und vielleicht froh ist, ihn nicht ansehen zu müssen. Und wenn ich gestehe, dass mir ein Essen überhaupt nicht schmeckt, hören alle am Tisch, dass sie mir mit diesem Gericht in Zukunft keine Freude bereiten können. Ein derart gesundes Eigeninteresse fällt uns selten leicht, weil wir nie ganz sicher sind, wie viel Distanz wir zwischen uns ertragen können.

Der Minderwertigkeitskomplex

Es gibt auch die Möglichkeit, dass wir uns selbst oder eine Beziehung in Frage stellen, indem wir unbewusst etwas Kritisches oder Problematisches verallgemeinern. Sollte beispielsweise ein Mantel unvorteilhaft sein oder wir einen Fehler gemacht haben, gewichten wir unsere schlechte Wahl bzw. den Fehler nicht richtig und vermuten fälschlicherweise ein komplettes Debakel auf existentieller Ebene. Wir haben den Eindruck, nichts richtig machen zu können. Dabei müssten wir erkennen: Nicht wir als Ganzes sind in Frage gestellt und nicht das ganze Leben ist verspielt, sondern es war nur eine Sache, die schieflief. Solange wir aber eine einzelne Schwierigkeit mit dem großen Ganzen gleichsetzen oder verwechseln, besteht die Gefahr, angesichts der vermeintlichen Massivität der Probleme zu resignieren und allen Mut zu verlieren.

Wann neigen wir dazu, Kritik auf eine solche Art und Weise zu generalisieren? Üblicherweise passiert uns das, wenn ein Minderwertigkeitskomplex berührt wird. Wie bereits erwähnt, umschreibt der Begriff Komplex in der Jung'schen Psychologie die Summe der Erfahrungen, die wir immer wieder auf ähnliche Weise zu einem Thema machen und im Gedächtnis abspeichern. Sobald wir uns mangelhaft oder ungenügend erleben, sammeln wir diese Eindrücke in unserem Minderwertigkeitskomplex. Jeder besitzt diesen Komplex, weil niemand von solchen Erlebnissen verschont bleibt. Wenn wir beispielsweise als Kind den Eltern nichts recht machen konnten, wird in unserem Minderwertigkeitskomplex diese bittere Botschaft verankert, und wir rechnen auch als Erwachsene damit, das Nichtgenügen wieder und wieder zu erleben. Je problematischer diese Erfahrung damals war, desto heftiger reagieren wir heute, wenn unser Minderwertigkeitsgefühl angesprochen, also der Komplex berührt wird. Leicht brausen wir unverhältnismäßig stark auf oder können erstarren, weil im Moment nicht nur das aktuelle Erlebnis wirkt, sondern die ganze Vergangenheit mit hochkommt. Diese Altlasten machen uns empfindlich, und über unsere unverhältnismäßige Reaktion können wir oder unsere Umgebung häufig nur den Kopf schütteln. Das schwere Paket aus der Vergangenheit, das uns mit seinem ganzen Gewicht niederdrückt, kann uns leicht entmutigen.

Christiane kennt die hemmende Kraft solcher früheren Komplexerfahrungen nur zu gut. Als sie das geerbte Elternhaus verkauft hat und der Erlös zwischen ihr und ihrem Bruder Felix aufgeteilt werden muss, bringt sie es nicht fertig, das Geld in zwei Hälften aufzuteilen. Für ihr Empfinden wäre dies ungerecht, denn der Verkauf war unerwartet aufwändig gewesen, und sie möchte dafür entlohnt werden. Christiane hofft auf ein faires Angebot ihres Bruders. Aber er wird nicht aktiv. So bleibt es ihr nicht erspart, den Konflikt selbst zu lösen. Zunehmend ärgert sie sich über ihre eigene Feigheit, denn sie wagt kein Gespräch, obwohl sie als kommunikativ und energisch gilt.

Aber Mutlosigkeit ist ihr nicht ganz fremd. Als 10-jähriges Mädchen war sie von ihrer Mutter häufig in den Keller gesperrt worden, etwa weil sie ihren Teller nicht leer gegessen oder nicht alle Aufgaben erledigt hatte. Im Keller war es dunkel, kalt und einsam gewesen. Ohnmächtig und hilflos hatte Christiane gewartet, bis die Mutter irgendwann den Riegel der Kellertür wieder öffnete und sie wieder hochkommen durfte. Obwohl es damals ein Leichtes gewesen wäre, durch das offene Kellerfenster zu entwischen, hatte Christiane nie den Mut gehabt, das zu tun. Stattdessen spürte sie lähmende Verzweiflung und Scham: »Eine wie ich ist nicht liebenswert. Man darf auf keinen Fall sein wie ich.«[34]

Mehr als vier Jahrzehnte waren seit diesen Erlebnissen vergangen. Aber die Angst, nicht liebenswert zu sein, war geblieben. Das Motto »Liebe muss verdient werden« wirkte in Christiane weiter. Aber nun, wo sie das Erbe aufteilen sollte, musste sie ständig an ihre eigenen Ansprüche denken. Einem Gespräch unter vier Augen, aber auch einem Telefonat fühlte sie sich nicht gewachsen. Unangenehme Gefühle könnten sie überschwemmen, so dass kein klarer Gedanke mehr möglich wäre. Ein solches Risiko wollte sie nicht eingehen, deshalb schrieb sie ihrem Bruder eine E-Mail. Viele Stunden lang feilte sie an dem Text, bis ihre Forderung stimmig formuliert war. Schreiben hat Vorteile: Wir können Briefe allein formulieren und allein lesen. Wir müssen dem anderen weder beim

Schreiben noch beim Lesen in die Augen schauen und auch nicht unmittelbar reagieren – exponieren uns also nicht dabei. Wir können uns zunächst ohne Ablenkung auf uns selbst und unsere Gedanken und Gefühle konzentrieren. Insbesondere wenn Komplexe angesprochen und dabei intensive unangenehme Gefühle geweckt werden, bietet Briefeschreiben die Chance zu warten, bis sich das innere emotionale Chaos beruhigt hat.

Es ist wichtig, mit seinem Minderwertigkeitskomplex geduldig und so behutsam wie möglich umzugehen, denn sobald wir einem anderen Menschen unsere Schwächen oder Begrenztheit zeigen, riskieren wir, beschämt oder beschädigt zu werden. Es ist eine lebenslange Aufgabe unterscheiden zu lernen, wem wir welche Schwächen anvertrauen können. In der Regel müssen wir uns in der Öffentlichkeit mehr schützen als in engen Beziehungen.

Der Minderwertigkeitskomplex berührt also häufig die Frage nach dem Respekt, den andere, aber auch wir selbst uns entgegenbringen. Ein mächtiger Minderwertigkeitskomplex gibt jedoch nicht nur anderen die Möglichkeit, uns zu verletzen, sondern er kann auch uns selbst dazu verführen, unsere eigenen Grenzen zu missachten, anstatt sie genügend zu respektieren. Das geschieht beispielsweise, wenn wir uns überfordern, weil es uns gefällt, als stark, belastbar oder selbstlos wahrgenommen zu werden – von anderen und von uns selbst. Doch wo sind unsere persönlichen Grenzen? Es ist gar nicht leicht, unsere körperlichen und emotionalen Grenzen zu erkennen, denn sie sind meist durchaus flexibel und nicht eindeutig festgelegt. Manchmal ist es auch notwendig, über unsere Grenzen zu gehen, um Herausforderungen zu meistern und unser Repertoire an Bewältigungsstrategien zu erweitern.

Aber selbst wenn Grenzen eindeutig definiert oder evident sind, kann es schwierig sein, sie zu schützen. Da ist beispielsweise Martins Nachbarin, die ungefragt Obst von seinen Bäumen pflückt. Doch wieso kleinlich sein, zumal die Ernte meistens üppig ausfällt? Und da ist Elke, die zusieht, wie einer ihrer Mieter ungefragt immer mehr Möbel und Kisten auf dem ungenutzten Speicher deponiert. Martin hat genug Obst und Elke genügend Platz – es fällt ihnen nicht schwer, großzügig über das Verhalten der anderen hinwegzusehen. Erst als einige Zeit später Martin von seiner Nachbarin und Elke von ihrem Mieter verleumdet werden, fühlen sich beide missbraucht, sind wütend und enttäuscht. Beide realisieren aber auch, dass sie mit ihrer Großzügigkeit nur die eigene Feigheit verdeckt hatten: die Feigheit, die Beachtung ihrer ganz realen Grundstücks- und Wohnungsgrenzen einzufordern. Beide wagten nicht zu sagen, dass sie gefragt werden möchten. Dadurch verbauten sie sich die Möglichkeit, Ja aber auch Nein zu sagen.

Wer glaubt, dass eine solche Großzügigkeit zu Dankbarkeit führt, wird häufig enttäuscht. Sobald wir stillschweigend zuschauen, wie andere unsere Grenzen übertreten, fühlen diese sich häufig ermutigt, zunehmend unverschämter zu werden. Es ist, als ob man sie in ihrem Tun nicht nur bestätigt, sondern regelrecht einlädt, im gleichen Stil fortzufahren. Und so kann die Gewohnheit einer Respektlosigkeit sich schließlich zu einem Anspruch auswachsen. Je länger wir zögern, unsere Grenzen zu beachten und beachten zu lassen, desto größer kann das Problem werden und schließlich im Debakel enden. Martin spricht mit seiner Nachbarin kein Wort mehr und Elke hat einen Rechtsanwalt eingeschaltet, um ihren Mieter in die Schranken zu weisen. Und wenn wir nicht konkrete Garten- oder Wohnungsgrenzen übersehen, sondern permanent unsere persönlichen Belastungsgrenzen, beuten wir uns selbst immer mehr aus – mit der Gefahr, den Eklat irgendwann am eigenen Leib und eigener Seele zu erleben.

All diese Grenzen sind schmerzhafte Realitäten. Und Schmerzen sind unangenehm, deshalb versuchen wir oft, sie zu vermeiden oder zu betäuben. So wollen einige Menschen – es sollen bis zu zehn Prozent der Bevölkerung sein – ihren Kontostand lieber erst gar nicht wissen oder legen Rechnungen ungeöffnet in die Schublade. Solche unangenehmen Tatsachen wollen sie nicht nah an sich herankommen lassen, nach dem Motto: »Aus den Augen aus dem Sinn.« Menschen, die sehr gut mit Geld und der Realität zurechtkommen, stehen fassungslos vor einer solchen Haltung. Für sie wäre es ein Albtraum, Haben oder Soll nicht zu kennen. Sie wollen sich ihrer Situation stellen. Aber während sie ein gutes Händchen für die Realität haben, fühlen sich andere in der realen Welt nicht gut beheimatet, sondern sind mit ihr überfordert oder verunsichert. Sie sind in diesen Belangen auf Unterstützung angewiesen. Und solange sich beispielsweise der Partner gerne um die Finanzen kümmert, werden die eigenen Unsicherheiten selten zum Problem.

Doch das Nichtwissenwollen der eigenen finanziellen Lage führt nicht zwangsläufig in den Ruin. Ein gewisses Maß an Sorglosigkeit und Unbekümmertheit, verbunden mit einem gesunden Optimismus, mobilisieren manchmal erstaunliche Ressourcen. Manche Menschen haben Glück, ja sogar erstaunlich viel Glück, und schaffen es irgendwie immer wieder im letzten Moment, ihr Konto auszugleichen oder eine Pfändung abzuwenden. Sie sind wahre Meister im Durchkommen und ganz besonders geschickt, wenn es für sie sehr unangenehm zu werden droht. Solche Lebenskünstler können auf gefährlichen Drahtseilen balancieren.

Doch nicht nur die Finanzlage wird bisweilen ignoriert, manchmal werden auch schlimme Diagnosen gar nicht erst zur Kenntnis genommen. Es gibt Betroffene, die über ihre Diagnose Krebs aufgeklärt wurden und dennoch ihre Erkrankung verharmlosen oder die Diagnose standhaft für falsch erklären. Vielleicht spüren sie, dass sie den Anstrengungen der Therapie oder der Auseinandersetzung mit der Krankheit nicht gewachsen wären. Interessanterweise gibt es das Phänomen, dass eine aktive Verleugnungshaltung in manchen Fällen mit einer guten Prognose einhergeht.[35] Das ist erstaunlich, denn gerade bei Krebs wissen wir, wie wichtig ein konsequenter Kampf gegen die Erkrankung sein kann, wenn man sie besiegen will. Doch wenn eine Verleugnung keine Resignation, sondern die Konzentration auf das vorhandene Gesunde ist, wodurch von der Erkrankung Aufmerksamkeit und Energie abgezogen werden, kann das manchmal den Verlauf günstig beeinflussen. Insofern wäre ein derartiges Nichtwissenwollen nicht wirklich feige, sondern weise. Die Krankheit erhält keinen Raum und bekommt keine Chance, das Leben zu bestimmen. Diese Haltung kann eine erstaunliche Lebensqualität ermöglichen.

Sollen wir Feigheit also immer überwinden? Oder anders gefragt: Kann Feigheit auch vorteilhaft sein?[36] Es gibt viele Beispiele, die zeigen, dass dem so ist. So wurde in London über zwei Jahrzehnte lang das Schicksal junger Männer beobachtet, die in ärmlichen Verhältnissen mit hoher Kriminalitätsrate groß wurden. Den Absprung aus dem Milieu schafften nicht die Draufgänger, sondern die ängstlichen Außenseiter. Jugendliche, die mit acht Jahren scheu und gehemmt waren, nur wenige Freunde hatten, mit zehn als neurotisch galten, hatten es mit dreißig zu Familie, Arbeit und Wohnung gebracht. Ihr unangepasstes Verhalten ermöglichte den Absprung aus dem Milieu. Es scheint, dass erst die Situation entscheidet, ob Mut oder Ängstlichkeit die vorteilhaftere Reaktion ist.

Manchmal braucht es Zorn, um mutig zu sein

Im Jugendkrimi *Die Farbe der Angst*[37] schildert Christoph Wortberg die Geschichte des Jugendlichen Marc, der mit seinen Eltern in eine fremde Stadt zieht. In seiner Einsamkeit fasziniert ihn eine Clique von drei Jungs. Um dazuzugehören, lässt sich Marc von ihnen mehr und mehr sadistisch quälen. Als die drei Jungs die zarte Verliebtheit zwischen Marc und dem Mädchen Melina bemerken, schmieden sie einen perfiden Plan. Bei einem Treffen zwingen sie Marc zuzusehen, wie der Anführer Felix langsam die völlig erstarrte Melina auszieht und berührt. Marcs heisere Worte »Lass das, hör auf« bleiben wirkungslos. Als Felix Melina schließlich zwischen die nackten Beine greift und einer der beiden anderen Jungs lustvoll zu stöhnen beginnt, löst sich Marcs Ohnmacht. Er schnellt jähzornig hoch und würgt Felix, der unglücklich stürzt, sich das Genick bricht und stirbt.

Aus Liebe und im Zorn hat Marc getötet. Er, das frühere Opfer, wird zum Täter. Im Zorn konnte er nicht besonnen bleiben. Mit enormer Wucht wurde seine übliche Zurückhaltung niedergerissen[38], es geht um Verteidigung und Rache. Durch den Zorn hat er eine tödliche Grenze überschritten.

Wer ist der wahre Täter? Als Marc angreift, wird sein Ich überwältigt. Nicht er, sondern der Zorn übernimmt die Regie in seiner Seele. Sein Ich hat keinen Spielraum, sondern wird vom Zorn quasi verschluckt und benutzt. Nicht nur der getötete Felix, sondern auch Marcs Ich wurde Opfer des Zorns. Ein Zorniger hat sein Ich[39] nicht mehr im Griff, sondern ist einem Komplex ausgeliefert.[40] Wie bereits gesagt, sind Komplexe seelische Entitäten, in denen alle bisherigen Erfahrungen zu einem Thema in unserem Gedächtnis verankert sind. Bereits eine harmlos wirkende Bemerkung oder Handlung kann einen unserer Komplexe berühren und heftigen Zorn oder intensiven Seelenschmerz auslösen. Komplexe sind vergleichbar mit den körperlichen Organen: Sie funktionieren autonom, und wir können nicht auf sie verzichten. Komplexe können eine Bereicherung sein, wenn etwa ein positiver Mutterkomplex einem Menschen das Gefühl gibt, überall willkommen zu sein; sie können aber auch krank machen, wie etwa ein starker Minderwertigkeitskomplex, der das Selbstwertgefühl eines Menschen schädigt. Doch unabhängig von ihrer positiven oder negativen Tönung: In ihnen stecken unsere Vitalität und Kraft, die wir für mutige Schritte benötigen.

Welcher Komplex könnte hinter Marcs mörderischem Zorn stehen? Zorn will Ausgleich für ein erlittenes Unrecht. Was Recht oder Unrecht ist, sagt uns das Gewissen. Staatliche Gerichte[41] wachen darüber, ob wir Normen, Regeln oder Gesetze beachten, und sie entscheiden über Schuld oder Unschuld. Auch Scham richtet, und zwar darüber, wer wir sind. Dabei sind aktuelle gesellschaftliche Ideale – bezogen auf den Körper, den Lifestyle und das ganze Leben – maßgebend. Wenn es um Scham geht, sind Ansehen, Ruhm und der gute Ruf die höchsten Werte und nicht primär Anstand oder Schuldlosigkeit. Solange wir gesellschaftlichen Normen und Idealen genügen, empfinden wir Stolz; entsprechen wir ihnen nicht, werden wir beschämt.

Scham ist vernichtend. Bildlich gesprochen öffnet sich die Erde unter unseren Füßen, und wir versinken tief im Boden. Scham hütet aber auch unsere persönliche Intimität und Integrität. Sie alarmiert uns, sobald uns jemand zu nahe kommt und zu stark bedrängt. Um nicht beschämt zu werden, müssen wir frei über Nähe und Distanz zu anderen bestimmen dürfen. Es geht um unsere unantastbare und unveräußerliche Würde. Wenn sie verletzt wird oder verloren geht, entstehen Scham und ein Gefühl von äußerster Wertlosigkeit. Scham rührt an sehr tiefe seelische Schichten, an den innersten Kern unseres Seins, und ist direkt mit dem vegetativen Nervensystem verbunden, was sich auch im Rotwerden des Gesichts zeigt. Schamgefühle hüten unseren Selbstwert und aktivieren unseren Minderwertigkeitskomplex.

Marc konnte nicht ertragen, wie die Schamgrenze seiner Freundin verletzt wurde. Sie wurde entwertet, ebenso ihre gemeinsame Beziehung und somit auch er. Das war der zündende Funke, der seinen Zorn ausgelöst hat. Nicht nur er, sondern wir alle laufen im Zorn Gefahr, schuldig zu werden. Das kann jedoch erträglicher sein, als beschämt zu werden.

Affekte sind das pure Leben

Unsere frühgermanischen Vorfahren haben Mut mit Zorn gleichgesetzt. Das verwundert nicht, denn Zorn spielte eine wichtige Rolle in kriegerischen Kämpfen. Er kann – beispielsweise als nordische Berserkerwut – den Soldaten übermenschliche Kraft verleihen und zum Sieg verhelfen. Zorn kann ermutigen und die Kräfte dessen, der von ihm erfasst wird, verzehnfachen, davon war bereits Aristoteles überzeugt. Zorn schafft Helden. Doch dieser Zornesmut war für die stoischen Philosophen keine Tugend, da er den Menschen überwältigt und keine freie, besonnene Entscheidung zulässt, sondern nur rohe, blinde Gewalt fördert. Deshalb waren für die Stoiker grundsätzlich alle Leidenschaften von Übel. Sie strebten die Beherrschung sämtlicher Affekte an, um Ausgeglichenheit und Seelenruhe zu erreichen.

Diese beiden unterschiedlichen Sichtweisen führen zu einer Erkenntnis: Wenn wir für eine mutige Tat übermenschliche Kräfte brauchen, dann sind Affekte hilfreich; sie bleiben aber gefährlich, da nicht wir die Affekte, sondern sie uns in ihrer Gewalt haben. Zornesmut schafft zwar Helden, aber auch Gräuel und Terror. Davon erzählen auch Märchen. Eine Sequenz aus dem Grimm'schen Märchen *Die Rabe* gibt wertvolle Tipps für einen guten Umgang mit Zorn, weshalb ich es kurz besprechen will:

Das Märchen erzählt von einer Königin und ihrer neugeborenen Tochter. Als der Säugling schreit und keine Ruhe geben will, verwünscht die Mutter das Kind in eine Rabe. Die Königstochter fliegt fort und bleibt ohne Eltern ganz allein in einem dunklen Wald, später zieht sie sich auf einen Glasberg zurück. Ein Märchenheld macht sich auf den Weg, um sie zu erlösen. Auf seiner Reise trifft er im Wald auf einen Riesen. Obwohl der Held weiß, wie gefährlich Riesen sind, wagt er es, ihn anzusprechen. Wie erwartet, will ihn der hungrige Riese gleich fressen, doch der Märchenheld kann ihn besänftigen, indem er ihn an einen Tisch bittet und mit ihm seine Essensvorräte teilt. Nachdem sich der Riese satt gegessen hat, bietet er dem Helden aus Dankbarkeit seine Hilfe an. Er durchsucht seine vielen Landkarten nach dem Wohnort der Prinzessin und zeigt dem Held, wo er sie finden wird. Anschließend trägt der Riese ihn mit Riesenschritten viele Meilen weit, ziemlich in die Nähe des Ziels.

Die Sprache und Bilder der Märchen sind uns heute weitgehend fremd und rätselhaft geworden, wir können sie aber in eine zeitgemäße Terminologie übersetzen: Riesen symbolisieren rohe, ungezähmte und gewaltige Affekte wie Zorn oder Wut. Riesen sind als Menschenfeinde in der Lage, das Ich außer Gefecht zu setzen – in der Märchensprache heißt das »gefressen werden«. Märchenriesen gelten zudem als dumm, und wenn uns ein Affekt verschlingt, handeln wir in der Tat nicht besonnen oder klug, sondern schlagen wie ein Riese ohne Verstand wild um uns. Doch der Märchenheld weiß, wie man einen derartigen Affektdurchbruch – das Gefressenwerden durch den Riesen – verhindern kann. Er versucht nicht zu fliehen oder den Affekt zu töten, sondern setzt sich mit ihm an einen Tisch. Wie man auch am »runden Tisch« miteinander verhandelt, so kann man mit den eigenen Affekten verhandeln, vorausgesetzt, man nimmt sie als Gegenüber wahr, respektiert sie als natürliche Kraft und gibt ihnen, was sie zum Leben brauchen. Einen Affekt wahrzunehmen, etwa nach dem Motto: »Ich spüre einen Zorn in mir«, bedeutet, dass wir uns dann bereits vom Affekt distanzieren und ihn anschauen können. So vermeiden wir, uns mit dem Affekt zu identifizieren, also von ihm verschluckt und mit ihm eins zu werden. Das Ich kann seine Autonomie schützen und dabei mit dem Affekt zusammenarbeiten, also seine Energie nutzen. Dabei reagiert das Ich nicht panisch, sondern ruhig und besonnen. Eine solche Distanz zu gewinnen, ist allerdings nicht einfach.

Wenn uns das Märchen erzählt, dass der Riese weiß, wo die Prinzessin wohnt, und er den Helden in die Nähe trägt, dann erfahren wir: Unsere schlimmsten Affekte und Leidenschaften wissen nicht nur mehr als unser bewusstes Ich, sondern sie können uns mit ihrer Energie fast bis zum Ort des Problems führen. Ein solcher Märchenheld ist Vorbild für unser Ich. Von diesem Helden lernen wir, dass uns ein Affekt unterstützen kann, und zwar in Situationen, wo unser Ich überfordert ist. Der Affekt hilft, wenn unser Ich nicht mehr weiterweiß und nicht mehr weiterkann, vorausgesetzt wir lassen uns nicht von ihm auffressen, sondern gehen in guten Kontakt mit ihm.

Es mag erstaunen, dass Affekte wie Zorn oder Wut über Weisheit verfügen sollen. Aber der Zorn kann nicht nur den Verstand rauben, sondern auch das Problem sehen, um das es geht. Der Zorn weiß, um welchen verdrängten Komplex es geht, wenn wir ausflippen. Das ist gemeint, wenn es heißt, dass der Riese über viele Landkarten verfügt. Der Affekt kennt sich in unserer Seelenlandschaft gut aus, ist vertraut mit der Topografie des Unbewussten und sieht, wo Unerlöstes versteckt ist. Interessanterweise wird diese Märchenweisheit durch die Etymologie bestätigt, denn das

Wort Wut hängt etymologisch mit den Begriffen Seher, Geist, Inspiration, Dichtkunst und Gesang zusammen.[42]

Manchmal wird gefragt, was der Unterschied zwischen Zorn und Wut sei. Die Redensart »eine Wut im Bauch haben« zeigt, dass Wut unterhalb des Zwerchfells wohnt; manchmal wird sie in der Galle verortet, deren Überlaufen es zu vermeiden gilt. Der Begriff Wut war ursprünglich vielfältig und umschrieb ein krankhaftes Außer-sich-Sein wie Raserei oder Wahnsinn, aber auch leidenschaftliche Erregtheit, wie sie als Arbeitswut oder Sammelwut in Erscheinung treten kann, zudem die schöpferische Begeisterung des Dichters, aber auch heftigsten Zorn, der in Tyrannei und Rebellion münden kann. Zorn und Wut haben also einen zerstörerischen und einen kreativen Pol: Das zeigt sich auch am germanischen Gott Wotan, in dessen Namen das Wort Wut steckt. Er war nicht nur Befehlshaber eines wütenden, rasenden Heeres, sondern auch Gott der Weisheit und der Erfinder der Runen. Wut entlädt sich gelegentlich blind, und Zorn ist manchmal gerecht. Seine Energie wird bildlich als Feuer beschrieben. Das hat sich in der Sprache niedergeschlagen: Wir sagen, dass Zorn verraucht, entbrennt oder sich entzündet. Feuer und Zorn sind mit der Farbe Rot verknüpft. Die Ausdrücke »jemand sieht rot« oder »für jemanden ein rotes Tuch sein« erinnern daran.

Zorn erschließt eine Kraft in uns, die sich impulsiv entladen kann. Diese Kraft kann aber auch bewusst trainiert werden und mutige Schritte ermöglichen. Davon wissen die alten Frauen aus Korogocho.[43] Dieser Ort ist einer der gefährlichsten Slums in Kenias Hauptstadt Nairobi. Auf engstem Raum leben hier mehr als 150.000 Menschen, die meisten ohne Arbeit und ohne Geld. Viele Jugendliche dort kennen nur Langeweile, haben weder eine Zukunftsperspektive noch eine sinnvolle Aufgabe. Das ist der klassische Nährboden für Alkohol, Drogen und Gewalt. Viele dröhnen sich zu, um das Elend nicht wahrzunehmen und alles zu vergessen, andere suchen den Ausweg in brutaler Aggression. Diese jungen Männer leben ihre Macht aus, indem sie Frauen vergewaltigen. Weil sie Angst haben, sich bei jungen Frauen mit Aids zu infizieren, wählen sie immer häufiger Opfer, die leicht ihre Großmütter sein könnten.

Vergewaltigte Frauen erleben sich beschmutzt und beschämt. Instinktiv ziehen sie sich zurück, wollen sich verstecken, um nicht erneut durch eindringliche Blicken oder Bemerkungen entblößt zu werden. Die Schande soll unsichtbar bleiben, und die Angst ist groß, durch neugierige Fragen erneut Opfer zu werden. Beim Erzählen werden nämlich die Bilder der vergangenen Erlebnisse wachgerufen und das Trauma häufig neu erlebt. Die Hoffnung, dass schnelles Vergessen der heilsamste Weg sein könnte, ist allzu verständlich. Offensiv mit der Schande umgehen und das Unrecht öffentlich anprangern, braucht viel Mut. Für vergewaltigte Frauen ist es das Allerschwerste, das Schweigen zu brechen. Es ist schlimm zu bekennen, Opfer geworden zu sein. Aber ein Öffentlichmachen ist der erste und notwendige Schritt zu einer Wende: Man steigt aus Lähmung und Ohnmacht aus, wird aktiv. Indem man handelt und etwas tut, wird man tatkräftig, wird zur Täterin – zunächst in einem ganz neutralen Sinn des Wortes. Vielen Frauen fällt das schwer, bevorzugen sie es doch, als sanft, rücksichtsvoll oder empathisch wahrgenommen zu werden. Entschiedenheit und Härte gelten leicht als negative und somit unerwünschte Charakterzüge. Aber ohne sie kann man die Opferrolle nicht abstreifen. Es gilt, klar zu erkennen, was man will, und das in die Tat umzusetzen. Scheu wäre hier eher hinderlich.

Die Frauen aus Korogocho haben diesen Schritt gewagt. Sie wollten nicht länger Opfer sein, mussten deshalb Täterinnen werden. Sie haben zu den Waffen gegriffen. Ihr inneres, entschlossenes Nein zu weiteren Vergewaltigungen rufen sie laut den angreifenden Männern zu, bevor sie ihre Fäuste oder Gehstöcke als Waffen einsetzen. In Kampfsportkursen lernen sie diese gezielt und wirkungsvoll einzusetzen, erfahren, wo und wie es für die Angreifer besonders schmerzhaft ist. Nicht nur aus den erlernten Kampftechniken, sondern auch aus der Gemeinschaft schöpfen sie die notwendige Kraft, um zu siegen.

Mutig die Identität als Täter oder Opfer in Frage stellen

Die vergewaltigten Frauen lernen die Selbstverteidigung in Gruppen und stehen zusammen für das gleiche Ziel. Keine von ihnen soll erneut Opfer werden. Eine derartige Solidarität erleichtert mutiges Handeln, denn gemeinsam ist man stärker. Die Kraft jedes einzelnen Menschen wird aufaddiert, vielleicht sogar potenziert. Doch nicht nur die Opfer, sondern auch Täter brauchen Mut. Auch sie brauchen den Mut zu einem Nein, einem entschiedenen

Nein dazu, ihre Wut weiterhin gegen andere auszuleben. Doch was kann sie zu einem solchen Schritt anregen, zumal viele Konzepte nicht fruchten? Eine erfolgversprechende ungewöhnliche Initiative wurde von der Dresdner Jugendhilfe gestartet. Dank ihres Projekts »Lesen statt Fegen«[44] werden straffällige Jugendliche seltener zu gemeinnützigen Arbeitsstunden oder Arrest, sondern ersatzweise zum Lesen verurteilt. Mehr als hundert Büchertitel zu den Themen Gewalt, Drogen, Rassismus, aber auch Angst, Liebe und Suche nach der eigenen Identität wurden für diesen Zweck zusammengestellt. Die Lektüre ist für viele straffällig Gewordene keine einfache Kost, denn sie ist ein Spiegel, in dem sie sich selbst anschauen können oder sogar müssen. Und diese Begegnung kann schmerzen, aber gleichzeitig anregen, sich in das Opfer einzufühlen und zu spüren, was es bedeutet, verletzt zu werden. Die bisherigen Erfahrungen mit dieser Bestrafung seien positiv, berichtet der Dresdner Oberstaatsanwalt. Das verwundert mich nicht, denn die Lesestrafe ist ein Beziehungsangebot. Diejenigen, die sich nicht verweigern, sondern wagen, zu lesen, begegnen sich selbst, ihren inneren Gefühlen und Bildern. Und sie merken, dass sie nicht alleine sind, sondern schon viele vor ihnen ähnlich Schwieriges erlebt haben und in vergleichbare Sackgassen geraten sind.[45]

Im Zorn können wir uns gehen und von leidenschaftlicher Erregung erfassen lassen – genau wie in der Liebe. Menschen, die zum Zorn nicht fähig sind, so Jürgen Werner, können auch nicht lieben.[46] Mit anderen Worten: Wer lieben kann, kann auch zornig werden, und umgekehrt.

Was könnte es bedeuten, wenn man nicht zornig werden kann? Ruth, die sich als verkopfte Frau erlebt, will nicht zornig werden. Sie liebt es, im Voraus alles minutiös zu planen. Wenn sie die Kontrolle behält, fühlt sie sich sicher. Gleichzeitig erlebt sie sich in einem Korsett gefangen. Ihr fehlt etwas. Sie sehnt sich nach Spontaneität und Leidenschaft und wünscht sich den Mut, beides endlich zu wagen. Sie arbeitet als Berufsschullehrerin, und eines Tages korrigiert sie eine Schülerin, die im mündlichen Vortrag Zusammenhänge falsch darstellt. Als die Schülerin beharrlich ihren Fehler leugnet, kommt es zu einem heftigen Disput zwischen den beiden, und Ruth verweist sie jähzornig des Klassenzimmers. Anschließend bereut sie ihr Handeln. Aufgewühlt und in einem Gefühlschaos gefangen, gelingt es ihr nur unter größter Anstrengung, ihren Unterricht weiterzuführen. Sie schämt sich, die Kontrolle verloren zu haben, und befürchtet, von den Schülerinnen und Schülern nicht mehr respektiert zu werden. Ruth ist schockiert über ihre Impulsivität und erkennt ihren Konflikt: Sie sehnt sich danach, spontan Gefühle und Emotionen zu zeigen, gleichzeitig macht ihr das große Angst. Sie weiß: Wer seine Affekte kontrollieren kann, beweist Überlegenheit und Beherrschung. Wer dagegen seinen Zorn vor anderen zeigt, gibt eine Schwäche preis.

In einer solchen Situation wird die schützende Maske der Selbstbeherrschung heruntergerissen und etwas Unschönes, bislang Verborgenes sichtbar; nicht das Ideal, nicht Perfektion, sondern ein Makel wird offensichtlich. Doch nicht Vollkommenheit, sondern Vollständigkeit ist laut C. G. Jung das Ziel des Menschen. Dazu gehört der »Pfahl im Fleisch«, das Erleiden der Mangelhaftigkeit, ohne welche es kein Vorwärts, kein Aufwärts und keine Entwicklung gibt.[47] Besonders Menschen, die viel Wert auf ihre Autorität und Souveränität legen, brauchen die bittere Erfahrung von Unzulänglichkeit und Hilflosigkeit, um auch menschlich sein zu können. Es kann sehr kränkend sein, wenn ein Mensch sich nicht dazu herablässt, seine Affekte, beispielsweise seinen Zorn, zu zeigen. Offensichtlich können uns Menschen nicht nur Liebe, sondern auch Zorn vorenthalten.[48] Nach dem Zornausbruch in der Schule träumt Ruth:

»Ich fahre mit dem Auto auf der Autobahn und habe das dringende Bedürfnis, ganz schnell zu fahren. Ich durchbreche die Leitplanke, und mein Kopf dreht sich wie ein Tornado. Der Kopf verselbstständigt sich und löst sich in einem Feuerball auf. Alles hört auf und kommt zur Ruhe, nachdem ich mit dem Auto über eine Böschung hinuntergefahren bin. Es war kein Albtraum.«

Der Traum zeigt eine rasende Träumerin, die in einer feurigen Explosion landet. Der Kopf – Sitz des Verstandes – verbrennt. Die Traumbilder verdeutlichen die Gefahr: Im Zorn kann man »den Kopf verlieren«, wie schon die Redewendung besagt. Aber nicht nur der Verstand, sondern auch der Zorn sitzt im Kopf: Die vertikale Falte zwischen den Augenbrauen wird von uns als Zornesfalte wahrgenommen, an der Schläfe sitzt die Zornesader, und das Schnauben der Nasenflügel ist Ausdruck eines feurigen Zorns.[49] Der Kopf symbolisiert Macht und Herrschaft. Auf ihn richten sich Ehre und Unehre, was einerseits Krone bzw. Siegerkranz und andererseits die Asche der Buße auf dem Haupt oder das Scheren des Kopfhaars bezeugen. Ruths Zorn entsteht in einem Autoritätskonflikt, und durch den Zorn will sich eine Idee, manchmal auch eine Ideologie durchsetzen, im wörtlichen Sinn »be-haupt-en«. Warum ist dieser Traum kein Albtraum? Meine These lautet: Für Ruth ist es positiv, dass sie ihren Zorn zugelassen und dadurch den Kopf verloren hat. Die Schülerin hat sie gezwungen, ihre wahren Gefühle zu zeigen. Ihr Unmut war groß und authentisch, das haben die anderen Schülerinnen und Schüler instinktiv gespürt. Ihre Angst, Achtung und Respekt zu verlieren, war unbegründet.

Der Mut zum Ungehorsam erlöst den Froschkönig

Wer den Mut hat, Farbe zu bekennen, gibt anderen Orientierung. Farbe bekennen auch der König und seine jüngste Tochter im Grimm'schen Märchen *Der Froschkönig*. Beide zeigen ihren Zorn. Der König, als seine Tochter ihr Liebesversprechen brechen will, und die Prinzessin, als der Frosch dabei ist, in ihr Bett zu schlüpfen. Märchenheldin ist die jüngste Königstochter. Sie spielt gerne mit ihrer goldenen Kugel am Brunnen, aber eines Tages fällt sie ihr durch die Hände ins Wasser. Ein Frosch will ihr die Kugel heraufholen, falls sie einwilligt, ihn liebzugewinnen. Sie verspricht es ihm, doch als sie ihre Kugel wieder in den Händen hält, rennt sie zurück ins Schloss und lässt ihn alleine zurück. Sie will diesen garstigen Gesellen nicht als Mann. Doch am nächsten Tag klopft der Frosch an die Tür und fordert Einlass. Als der König von dem gebrochenen Schwur erfährt, braust er zornig auf und zwingt seine jüngste Tochter, ihr Versprechen einzulösen. Sie gehorcht und nimmt den Frosch mit in ihr Zimmer, doch als er ihr näherkommen möchte, wirft sie ihn voller Zorn an die Wand. Doch er wird nicht getötet, sondern zum Prinzen erlöst – ein glückliches Ende.

In diesem Märchen prallen zwei Wertvorstellungen aufeinander. Da ist einerseits der König; er verteidigt Verbindlichkeit, Treue und Moral. Es macht ihn zornig, wenn etwas versprochen, aber nicht gehalten wird. Nicht *was* versprochen wird, zählt für ihn, sondern *dass* etwas gehalten wird, was versprochen wurde, ist ihm wichtig. Solange nämlich Versprechen nicht gebrochen werden, herrscht Stabilität. Und diese unumstößliche Verlässlichkeit und Ordnung verteidigt der König mit aller Macht. Sie ist ihm heiliges Gesetz. Jeden, der es wagt, sich nicht daran zu halten, trifft sein

Zorn. Für die Tochter ist diese Härte furchtbar. Was hat sie getan? In ihrer Not hat sie dem Frosch ihre Liebe versprochen, dabei aber gespürt, dass Frosch und Mensch nicht zusammenpassen und nicht zusammengehören. Sie hat zu viel versprochen (»Ich verspreche dir alles, was du willst!«) und sich dabei zu etwas Widernatürlichem verleiten lassen, zu etwas, das für sie instinktiv nicht stimmt. Aber sie hofft, dass sich die Sache durch Weglaufen oder irgendwie von allein erledigt. Doch das geht nicht auf – im Märchen nicht und im Leben häufig auch nicht.

Es kommt zum Konflikt, als der Frosch nicht lockerlässt. Die Prinzessin erschrickt und fürchtet sich, als der Frosch auftaucht und in ihrem Vater auch noch einen Verbündeten findet. Wenn dieser sagt: »Wer dir geholfen hat, als du in der Not warst, den sollst du hernach nicht verachten«, dann ist das eigentlich eine gute Sache. Jemanden zu ehren und zu würdigen, ist anständig. Und diese Moral zu verteidigen, ist richtig. Aber muss würdigen gleich lieben heißen, also bis zum Äußersten gehen? Schießt nicht auch der König mit seinem Anspruch über ein gesundes Maß hinaus? Übertreibt er nicht auf Kosten des Gefühls? Schließlich ist der Frosch glitschig, garstig und kalt. Fühlt er nicht, welche Zumutung ein derartiger Geselle für seine Tochter bedeutet? So wie die Tochter sich hat verleiten lassen, zu viel zu versprechen, so fordert der König zu viel an Gesetzestreue. Seine Strenge wird zu gefühlskalter Starrheit. Entscheidend ist letztlich der Mut der Prinzessin zum Ungehorsam gegen ihren Vater und seine Prinzipien. Erst als sie es wagt, ihrem persönlichen Gefühl treu zu bleiben – es gibt nichts daran zu rütteln, der Frosch ist und bleibt eklig –, und sich deshalb dem väterlichen Gesetz bedingungsloser Treue widersetzt, löst sich die Verwünschung. Erst als sich ihr Gefühl intensiviert und zum Zorn verdichtet, kann sie beherzt handeln und den Frosch an die Wand werfen, um ihn zu beseitigen.

Mit Hilfe des Zorns hat sich die Prinzessin befreit, und sie hat bewiesen: Manchmal muss man Versprechen und Gesetze brechen. Für diesen Tabubruch braucht es Mut. Kaum jemand wird im Laufe des Lebens von dem im Märchen beschriebenen Konflikt zwischen Gesetzestreue und Gefühl verschont, sei es im politischen, beruflichen oder privaten Kontext. Jeder, der sich mit voller Überzeugung einer Sache oder Menschen verpflichtet, aber irgendwann erlebt, wie etwas gefühlsmäßig unannehmbar wird, erlebt dieses Dilemma. Und das ist nicht ganz einfach dadurch zu lösen, dass man gleich für eine Seite Partei ergreift. Denn was wäre wohl passiert, wenn der König von Anfang an seiner Tochter erlaubt hätte, den Frosch wegzuschicken? Oder wenn die Tochter dem Vater einfach bis zum Schluss gehorcht und den Frosch in ihr Bett genommen hätte? Diese alternativen Märchenenden machen deutlich: Erst wenn wir unsere Versprechen ganz ernst nehmen und gleichzeitig aber unser unangenehmes Gefühl nicht verdrängen sondern ertragen, bis sich Widerwille zu Abscheu zuspitzt, dann ist die Zeit reif für die Entscheidung. So ist es richtig, als enge Vertrauensperson einem Vorgesetzten gegenüber absolut loyal zu sein, aber wenn Ereignisse Ekel und Abscheu hervorrufen, kann es notwendig werden, sich zu widersetzen. Doch wir kennen auch noch andere Märchenvarianten: Am Ende küsst die Prinzessin trotz ihres Ekels den Frosch und erlöst ihn auf diese Weise. Es gibt also kein Patentrezept und keine verlässliche Anleitung für die Lösung eines solchen Konflikts. Die Entscheidung ist eine ganz persönliche Angelegenheit – und dazu braucht es Mut.

Zorn und heftige Affekte wirken zerstörerisch und hilfreich zugleich, tödlich und schöpferisch. Manchen Menschen erscheint angesichts der zweifelsohne bedrohlichen Seite der Affekte der Intellekt als rettender Ausweg. Mit diesem Trick entzieht man sich aber der Wirklichkeit und dem Leben. Mit anderen Worten: Ohne Affekte und Leidenschaft ist das Leben nicht vollständig – vielleicht auch nicht wirklich gelebt.

Kraftpotentiale erkennen – Neues wagen

Sein Vater hätte sich nie träumen lassen, dass aus seinem Sohn je etwas werden kann – doch heute hat es Ivar Niederberger geschafft. Der Vierzigjährige ist ein erfolgreicher Unternehmer, besitzt 22 Kleiderläden mit 180 Angestellten, macht einen Umsatz im zweistelligen Millionenbereich. Bereits mit 21 Jahren hat er sich selbstständig gemacht, und das, obwohl er die Sonderschule besuchte und am Tourette-Syndrom leidet, einer Krankheit, die seinen Körper unkontrolliert zucken lässt. Wie konnte er das schaffen? Er sei nach etlichen Gelegenheitsjobs in die Verkaufsbranche gerutscht und habe gemerkt, wie gut er auf Kunden eingehen konnte. Sein

Interesse sei geweckt worden, ab da habe er alles gegeben und seinen Weg gemacht.[50]

Was Ivar Niederberger beschreibt, ist ganz typisch. Sobald wir interessiert sind, steht uns automatisch seelische Energie zur Verfügung. Wir müssen uns dann nicht überwinden, aufraffen oder einen kräftigen Ruck geben, weil eben genügend Kraft mit dem Interesse gleichsam mitgeliefert wird. Diese Kraft macht es uns leicht, aktiv und leidenschaftlich zu werden und an einer Aufgabe dranzubleiben. Deshalb bereitet es einem mathebegeisterten Schüler wenig Mühe, für sein Fach zu lernen, umgekehrt weiß jeder desinteressierte Schüler, wie schwer es ist, sich zum Lernen für ein langweiliges Fach aufzuraffen. Wie ein Berg steht dann das Desinteresse vor ihm und muss überwunden werden. Und auf diesem Berg steht zudem geschrieben: »Das geht mich persönlich doch gar nichts an!« Wenn ein interessierter Mensch einer desinteressierten Person also sagt, es sei ganz leicht, sich für eine Sache zu engagieren, dann gilt das nur für ihn selbst, weil er einen derartigen Berg nicht vor sich hat. Doch mit etwas Anstrengung kann er sich in den anderen einfühlen: Bei allem, was ihn langweilt, kann auch er seinen persönlichen Berg wahrnehmen, der ihn abschreckt oder bremst.

Kraft finden wir also immer da, wo uns etwas brennend interessiert. Es ist, als ob unser Ich von hinten angeschoben oder von vorne gezogen würde. Unser Ich muss nicht gegen einen unbewussten inneren Widerstand ankämpfen, sondern Ich und Unbewusstes gehen vereint in dieselbe Richtung. Das Ich wird vom Unbewussten geradezu beflügelt und motiviert. Mit diesem »Rückenwind« fällt es nicht allzu schwer, mutig zu sein. So war es auch für Ivar Niederberger. Als ihm mit 20 Jahren gekündigt wurde, wagte er es, ganz in der Nähe seines Ex-Chefs einen Kleiderladen zu mieten. Er war willens, hart zu arbeiten und alles zu lernen, was es braucht, um erfolgreich zu sein.

Wenn wir derart motiviert sind und unbedingt etwas erreichen wollen, sind wir kaum aufzuhalten. Dann fällt häufig auch das Lernen leicht, weil der angebotene Stoff wie für uns persönlich bestimmt, also maßgeschneidert ist. Ein solches Lernen ist nicht Lernen um des Lernens willen, sondern hat persönliche Relevanz. Wir erleben es als sinnvoll. Und Sinn ist eine wichtige Quelle für Mut. Doch was ist Sinn und wo finden wir Sinn? Diese Fragen sind nicht restlos zu beantworten, werden aber gestellt, seit es Menschen gibt. Am ehesten könnte man die Sinnfrage formulieren mit: »Wozu leben?« Jede Antwort darauf ist ein Versuch, unser Leben oder die Welt zu deuten und ein Lebensziel zu erkennen. Für dieses Ziel lohnt es sich zu leben und auch mutig zu sein.

Doch keine Antwort wird wohl imstande sein, die Sinnfrage abschließend und restlos zu befriedigen – und schon gar nicht für alle. Manche erleben Sinn, wenn sie etwas gestalten und bewegen können, andere, wenn sie Macht, Ansehen oder Besitz gewinnen. Wieder andere befriedigt die Suche nach Erkenntnis oder Selbstverwirklichung. Und zahlreiche Menschen erleben Sinn vor allem in ihren Beziehungen, im Miteinander, im Tun mit und für Menschen, im Einsatz für Gerechtigkeit, für die Umwelt oder eine bessere Welt. Jugendliche, Erwachsene und alte Menschen haben in der Regel verschiedene Lebensziele und somit unterschiedliche Vorstellungen von Sinn, was zu erheblichen Differenzen und Missverständnissen führen kann. So versuchen viele Eltern beispielsweise, ihre Kinder davon zu überzeugen, wie sinnvoll ein guter Beruf und der Aufbau einer gesicherten Existenz ist. Doch wenn in der zweiten Lebenshälfte vieles in dieser Hinsicht geschafft und erreicht ist, können Menschen überrascht werden von einem tiefen Gefühl der Sinnlosigkeit. Gefühle von Beliebigkeit, Zufälligkeit oder Bedeutungslosigkeit können sich breitmachen, weil nichts Persönliches mehr wesentlich erscheinen will.

Enthusiasmus als Quelle der Kraft

Sinnlosigkeit geht häufig einher mit dem Gefühl einer religiösen Leere. Falls wir einer Philosophie oder Religion anhängen, werden wir vielleicht den dort gefundenen Antworten nacheifern. Liegt der Sinn des Lebens beispielsweise im Erreichen von Glückseligkeit – *eudaimonia* –, wie die Philosophen der Antike meinten, oder im gottesfürchtigen Streben nach dem ewigen Leben, wie es das christliche Mittelalter empfahl? Nicht jeder wird sich heute noch davon überzeugen lassen. Manche können aufgrund der immer tiefer in die Geheimnisse des Lebens eindringenden Wissenschaft nicht mehr glauben, dass es noch so etwas wie Gott geben soll. Für sie ist vorstellbar, dass wir irgendwann so viel wissen, dass Gott völlig überflüssig wird. Falls die Dimension des Göttlichen lediglich auf das jeweils nicht Gewusste, nicht Erforschte oder noch nicht Verstandene reduziert werden kann, würde Gott tatsächlich nicht mehr gebraucht und hinfällig, sobald alles erkannt ist. Doch nicht alle reduzieren Gott auf das Nichtwissen, sondern glauben an den göttlichen Ursprung der Schöpfung und eine transzendent wirkende Kraft. Gleichzeitig fühlen sich viele dieser Gläubigen von traditionellen religiösen Riten oder Dogmen nicht mehr angesprochen, weil ihnen die Abläufe befremdlich erscheinen und die Worte für sie hohl wirken.

Je seltener kirchliche Institutionen befriedigende Antworten auf die Sinnfrage anbieten können, desto mehr wird der Einzelne herausgefordert, sich auf seine ganz persönliche Suche zu begeben. Doch während manche mehr oder weniger lang aktiv suchen müssen, haben andere dieses Problem überhaupt nicht, da sie voller Enthusiasmus leben – und damit, entsprechend der Bedeutung des griechischen Wortes, ganz ergriffen sind von etwas Göttlichem, das sie in Bann zieht und ins Leben verwickelt. Ihnen wird mit dem Enthusiasmus gleichzeitig Sinn geschenkt, denn enthusiastische Menschen kennen ein lohnendes Ziel – sei es für sich persönlich oder für die Gesellschaft. Enthusiastische Menschen würden sich nicht unbedingt als religiös beschreiben, aber in der ursprünglichen Bedeutung des Wortes umschreibt Enthusiasmus eine individuelle innere religiöse Erfahrung. Der enthusiastische Mensch ist unmittelbar ergriffen von Göttlichem, das ihn bestärkt, überzeugt und an etwas glauben lässt – wobei es nicht der christliche Gott sein muss.

Die Kraft des Glaubenkönnens beobachtete der jüdische Schriftsteller Jean Améry. Er wurde zwei Jahre lang in Konzentrationslagern inhaftiert und gefoltert. Dabei beschrieb er ein für ihn völlig unerwartetes Ereignis: In den Grenzsituationen äußersten Leidens wandelte sich der Geist, aus dem er gelebt und auf den er gebaut hatte, zu etwas ganz und gar Irrealem. Bei ihm und anderen Intellektuellen wich alles geistige Interesse einer vollkommenen Indifferenz. Anders stand es um den Glauben. Améry, der sich nie zum Glauben bekennen konnte, beobachtete, dass echt Gläubige etwas besaßen, das sie durch alles Elend trug.[51] Und diese tragende Glaubenskraft kann ermutigen – immer dann, wenn wir an unsere Grenzen stoßen, und zwar nicht nur bei großen Katastrophen, sondern im ganz normalen Alltag. Ein neunjähriges Mädchen formuliert das so: »Wenn ich mal weinen muss, dann finde ich eine Kraft, die mich ruhig werden lässt. Und wenn ich in der Stadt meine Mutter aus den Augen verliere, spüre ich eine Kraft, die mir hilft, sie zu suchen, und auch den Mut zu vertrauen, dass ich nicht von einem Fremden mitgenommen werde.«

Dieses Mädchen erlebt Gott unmittelbar als Kraft, als stärkende Wirkung und Rückhalt, wenn sie in schwierigen Situationen alleine ist. Sie braucht weder einen traditionell vorgegebenen Ritus noch ein Gebet, sondern sie nimmt einfach wahr – und das bei ganz alltäglichen Angelegenheiten. Da ist etwas vorhanden, das sie bemerkt und beachtet. Die Kraft ist nicht personifiziert, gleichzeitig spürbar und ragt über Menschliches hinaus. Die lateinischen Begriffe *religio* und *religiosus* in ihrer wörtlichen Bedeutung umschreiben dies. Mit *religio* und *religiosus* wird eine gewissenhafte und sorgfältige Beachtung von numinosem, also göttlichem Sein und Wirken umschrieben. Und dieses Göttliche kann weder bewiesen noch widerlegt, sondern nur wahrgenommen und erfahren werden.

Kompetenzen und Wissen können ermutigen

Menschen, die bezogen sind auf das Göttliche – sei es in vorsichtiger Scheu oder fasziniert – können unter Umständen ruhig und gelassen werden, wo andere panisch reagieren. Und diese Gelassenheit schenkt einen Freiraum, in dem sich Mut ereignen kann. Doch Gelassenheit ist kein Privileg gläubiger Menschen, wir können sie auch durch Meditation oder andere Entspannungsverfahren schrittweise einüben. Und das lohnt sich, denn die Entfaltung der eigenen Fähigkeiten wird häufig erst durch Gelassenheit ermöglicht. Während nämlich Aufregung und Anspannung uns eher kopflos reagieren lassen, können wir durch Gelassenheit unsere Kompetenzen nutzen und insbesondere in bedrohlichen Grenzsituationen mutig handeln, anstatt das Falsche zu tun.

Genau dies erlebte am 4. Oktober 2008 die Betreiberin eines Reptilienhauses am Bodensee.[52] Die 4,30 Meter lange Riesenschlange Antonia hatte sie angegriffen, den Kiefer ausgehängt und sich quer über ihr Gesicht festgebissen. Sofort fixierte die Reptilienkennerin den Schlangenkiefer mit einem speziellen Griff, damit das Tier nicht versuchen konnte, ihren Kopf weiter zu verschlingen. Ihre Befreiung musste sehr schnell gehen, denn eine Würgeschlange versucht, den Kehlkopf des Opfers einzudrücken und seine Lunge zum Platzen zu bringen. Die Schlangenexpertin wies deshalb die herbeigeeilten Helfer an, umgehend den Schraubstock der Schlange um ihren Körper zu lösen. Anschließend mussten die Helfer dem Reptil Wasser einflößen, da es dadurch seinen Biss lockerte und das Schlangenmaul vom Kopf entfernt werden konnte. Die Betreiberin des Reptilienhauses betonte nach ihrer Rettung, dass die Schlange sie nicht fressen wollte, sondern durch die versehentliche Beheizung des Terrariums in ihrem Beutereflex angeregt worden war und diesem nachgegeben hatte. Panik habe sie zu keinem Zeitpunkt verspürt. Schlangen reagieren instinktiv und sind deshalb in ihrem Verhalten einschätzbar. Sie lernen nicht, haben keine Erinnerung, keine Launen, können aber auch nicht handzahm werden, wie fälschlicherweise manche Tierliebhaber meinen. Und über diesen Instinkt wusste die Reptilienkennerin ganz genau Bescheid und konnte trotz der Gefahr auf ihr Wissen gelassen zurückgreifen. Wer wie die Betreiberin des Reptilienhauses seine Kompetenzen in einer lebensbedrohlichen Situation, ohne zu zögern, beherzt einsetzt, dem ist es möglich, sich tapfer zu wehren. Ihr Beispiel zeigt, dass Mut nicht theoretisch bleiben kann. Dann wäre er wertlos. Erst wenn er konkret sichtbar wird, zeigt er sich als Tapferkeit.

Jeder Zuwachs an Wissen und Fertigkeiten vergrößert unseren Fundus an Kompetenzen. Aus ihm schöpfen wir, wenn neue Aufgaben anstehen, Grenzen mutig überwunden werden sollen oder müssen. Insofern sind Wissen und Erkenntnis, aber auch der gesunde Menschenverstand eine Quelle der Kraft, die mutiges Handeln erleichtern können. Mut ohne Klugheit ist Unfug, Klugheit ohne Mut ist Quatsch, meint Erich Kästner.[53] Davon war bereits Platon überzeugt:[54] Ohne Weisheit war für ihn kein Mut denkbar. Leichtsinn, Draufgängertum oder Fehleinschätzung von Gefahren wären die Folgen. Eine solche Weisheit ist allerdings nicht auf Faktenwissen beschränkt, sondern geht – darüber waren sich die alten Griechen einig – über das menschliche Leben hinaus, bezieht sich auf Unendliches und Göttliches. Erst eine Liebe zu dieser Art von Weisheit ermöglicht dem Menschen, die richtige, gute Idee zu erkennen, die er aktiv und mutig umsetzen kann.

Weisheit und Mut galten in der Antike als die beiden ersten von insgesamt vier Kardinaltugenden. Sie bestehen jedoch nicht nebeneinander, sondern entwickeln sich gemäß der antiken Vorstellung in einer gesetzmäßigen Reihenfolge. Zuerst braucht es Weisheit. Ohne sie wäre Mut nicht denkbar, sondern lediglich ungestümes, leichtsinniges oder waghalsiges Verhalten. Mut folgt somit der Weisheit.[55] Beide Tugenden zusammen befähigen Menschen zu einem weiteren Schritt, nämlich die eigene Unlust zu erkennen, sich tapfer dagegen zu wehren und extreme Ausschweifungen zu bekämpfen. Das Ziel, das dadurch erreicht werden kann, ist Maßhalten, d.h. nichts anderes als ein gesundes Gleichgewicht. Mäßigung galt in der Antike als die dritte Kardinaltugend. Kein Wunder, denn Selbstbeherrschung ist nichts anderes als Besonnenheit und Macht über sich selbst und die eigenen, natürlichen Triebe. Nur wer diese drei Tugenden erreicht – so Plato – kann auch Gerechtigkeit besitzen. Damit sind die vier Kardinaltugenden komplett.[56]

Wenn Weisheit die Voraussetzung für Mut ist, dann wird plausibel, dass Klugheit und Kompetenz als ihre Geschwister uns Kraft geben und Raum schaffen für Mut – sei es, weil wir uns verteidigen müssen oder weil wir freiwillig Hürden überwinden und Neues erkunden wollen. Aber Klugheit allein macht den Mut nicht zwangsläufig verfügbar. Es braucht Selbstvertrauen und Belastbarkeit – also Stressresistenz.

Stressresistenz dank mütterlicher Fürsorge

An der McGill University in Montreal, Kanada, hat ein Forscherteam um Michael J. Meaney in den letzten Jahren die Auswirkungen mütterlicher Fürsorge auf die Stressresistenz untersucht.[57] Bereits seit den 60er-Jahren war bekannt, dass die Stimulation von Rattenbabys ihr Stressverhalten im Erwachsenenalter beeinflusste. Was die neugeborenen Babys in den ersten drei Wochen nach ihrer Geburt durch die Versuchsanordnung erdulden mussten, war nicht spektakulär, aber von nachhaltiger Wirkung. Einmal pro Tag wurde der Wurf von der Mutter getrennt, aber bereits nach 15 Minuten wieder zurück in den Käfig der Mutter gebracht. Die Zeitspanne der Trennung scheint nicht erheblich, wenn man bedenkt, dass die Rattenmütter auch ohne menschliche Manipulation ihre Babys mehrfach am Tag für etwa 20 Minuten alleine lassen. Interessanterweise haben sich aber die täglich in eine Schachtel gesteckten Babys nach Wochen und Monaten als wesentlich stressresistenter erwiesen als Artgenossen, denen diese Behandlung erspart geblieben war. Wie konnte das sein?

Als die Forscher genau beobachteten, was sich zwischen den Rattenmüttern und ihrem Nachwuchs durch die Manipulation änderte, fanden sie Folgendes: Die täglich durch Menschenhand entfernten Babys wurden anschließend viel ausgiebiger geleckt und geputzt. Die zu überprüfende These lautete: Führt verstärkte mütterliche Zuwendung in den ersten Lebenstagen zu mutigen und stressunempfindlichen Erwachsenen? Um diese Frage zu klären, beobachteten die Wissenschaftler das natürliche Brutverhalten von Rattenmüttern. Unter Tieren, die vollkommen in Ruhe gelassen wurden, fanden sich Weibchen, die sich wenig um ihre Nachkommen kümmerten, und andere, die ihre Jungen ausgiebig leckten und Fellpflege betrieben. Während sich die nachlässig behandelten Rattenbabys zu verängstigten Ratten entwickelten, wuchsen die intensiv umsorgten Artgenossen zu mutigen, neugierigen Wesen heran. 1999 konnten die kanadischen Forscher zudem belegen, dass die weiblichen Nachkommen das Verhalten ihrer Mütter bei der Pflege ihres eigenen Nachwuchses übernahmen.

Die frühe mütterliche Zuwendung in den ersten sechs Lebenstagen prägt Ratten also nachhaltig bis ins Erwachsenenalter. Überraschenderweise haben aber auch deren Kinder das jeweilige Fürsorgemuster beibehalten. Ein durch frühe Erfahrung erworbenes Verhalten kann also an die nachfolgende Generation weitergegeben werden, allerdings nicht durch Vererbung via DNA.[58] Um das zu beweisen, haben die Forscher um Michael Meaney Tauschaktionen durchgeführt: Sie haben Rattenbabys, die in den ersten sechs Tagen intensiv von ihren Müttern gepflegt worden waren, von desinteressierten Weibchen aufziehen lassen und umgekehrt. Die adoptierten Jungen zeigten später genau das Verhalten ihrer Pflegemutter und nicht das der leiblichen Mutter. Und diese Verhaltensmuster wandten sie dann bei ihren eigenen Nachkommen an und gaben das Verhalten auf diese Weise an sie weiter. Genetik war bei diesen Verhaltensunterschieden offenbar nicht im Spiel. Dem Studium dieser Vorgänge widmet sich der neue Forschungszweig der Epigenetik: Mit ihr werden vererbbare Veränderungen der Genfunktion untersucht, die nicht durch Veränderungen der DNA-Sequenz erklärt werden können.

Da die Qualität der frühen Zuwendung darüber entscheidet, ob sich ein Rattenbaby später mutig oder ängstlich verhält, ist die Vererbbarkeit dieser Eigenschaften nun belegt. Doch menschliche

Säuglinge wachsen anders auf und haben andere Bedürfnisse als Rattenbabys. Die Laborergebnisse an Ratten können aus diesen und anderen Gründen nicht einfach auf Menschen übertragen werden. Um die Relevanz der Laborstudien an Ratten für menschliches Leben zu überprüfen, haben die kanadischen Forscher 2009 die Gehirne von Menschen, die Suizid begangen hatten, untersucht. Die Hälfte der untersuchten Personen hatten schweren sexuellen Missbrauch in ihrer Kindheit erfahren. Sexueller Missbrauch ist ein schweres Trauma, und die Folgen sind für die Betroffenen individuell sehr verschieden. Allerdings besteht ein erhöhtes Risiko, als Erwachsener an körperlichen und seelischen Erkrankungen wie etwa Übergewicht, Diabetes, schwerer Depression oder einer Angststörung zu erkranken. Die Stressresistenz traumatisierter Menschen ist häufig beeinträchtigt und das Suizidrisiko erhöht. Michael Meaney und seine Kollegen zeigten, dass frühe Erfahrung von Gewalt und Missbrauch bleibende biochemische Veränderungen auf Zellebene hervorrufen, analog den molekularen Veränderungen bei Ratten.

Doch Fatalismus ist fehl am Platz. Keine andere Spezies kommt mit einem derartig offenen und lernfähigen Gehirn zur Welt wie der Mensch. Die Steuerung des vegetativen Nervensystems und die komplizierten Stressreaktionen sind im Laufe des Lebens modifizierbar. Sogar in ausdifferenzierten Gehirnzellen sind verantwortliche Markierungen potentiell reversibel. Intensive Zuwendung – sei es als Fürsorge durch andere oder das Erlernen von Selbstfürsorge – könnten der Schlüssel sein, um alte Muster zu durchbrechen. Lebenslang können Erfahrungen, die Geborgenheit vermitteln, uns zunehmend mutiger machen. Um stressresistent und belastbar sein zu können, brauchen wir unsere Fähigkeiten und Kompetenzen, aber auch Vertrauen in die Welt und uns selbst. Vertrauen zu Menschen erfahren wir in engen Beziehungen, Vertrauen in uns selbst durch Beziehung zu unserem Körper und zu unserer Innenwelt.

Ungewöhnliches wagen

Stressresistenz ermöglicht manchmal einen Mut, der uns nahezu unglaublich erscheint: So stand eine 62-jährige Ladenbesitzerin[59] allein im Laden, als ein maskierter Mann plötzlich erschien und mit vorgehaltener Pistole Geld von ihr forderte. Sie warf den bewaffneten Mann, der sie ausrauben wollte, kurzerhand mit einem

»Raus hier!« aus ihrem Laden. Er floh – mit leeren Taschen. Und als eines Nachts eine Krankenschwester auf ihrem Rundgang einen Patienten antraf, der im 5. Stock aus dem Fenster springen wollte, rief sie ihm mit Nachdruck zu: »Sofort zurück ins Bett! In meinem Dienst wird nicht aus dem Fenster gesprungen!« Der verblüffte Patient wandte sich vom Fenster ab, ging zurück in sein Zimmer und legte sich wieder schlafen.

Beide Frauen reagierten unmittelbar, beherzt und ohne nachzudenken – instinktiv aus dem Bauch heraus. Derartige spontane Eingebungen sind nicht planbar, wir können sie im entscheidenden Moment zulassen oder auch nicht. Sie sind auch nicht nachahmbar, wir können sie also nicht einfach zu unserem Verhaltensrepertoire hinzufügen und anschließend kalkuliert einsetzen. Entscheidend ist nämlich nicht, was genau gesagt und getan wird, sondern *wie*, also in welcher inneren Verfasstheit das geschieht. Erst wenn das Verhalten völlig authentisch und unerschütterlich ist, kann es wirken. Und diese Authentizität ist oft nicht »political correct«, sondern widerspricht allgemein gültigen Regeln oder Vorschriften. So konnte etwa im schwedischen Atomkraftwerk Forsmark I am 25. Juli 2006 nur dadurch eine Kernschmelze verhindert werden, dass ein Kontrolleur sich nicht an die Vorschriften hielt.[60] Kaum ein Polizist wird dazu raten, einen Räuber einfach rauszuwerfen, zu leicht könnte er sich provoziert fühlen und besonders aggressiv reagieren. Auch ein harsches Anpacken eines suizidgefährdeten Patienten ist keine allgemein anerkannte oder bewährte Therapiehaltung. Doch beide Frauen wagten, ihre intuitive Wahrheit mit eigener Autorität und Souveränität durchzusetzen – und das wirkte. Sie hatten keine Zeit, rational abzuwägen, sondern vertrauten reflexartig auf Eingebung und Gefühl.

Wir alle haben die Fähigkeit zu dieser intuitiven Handlungsweise. Derartige unmittelbare Einfälle können eine wichtige Ressource sein und stehen neben unserem erlernten Wissen. Es ist nie vorhersehbar, wann wir uns besser auf Standardwissen verlassen und wann wir auf unser situativ stimmiges Gefühl oder unsere Intuition vertrauen sollten. Menschen, die in schwierigen Situationen unkonventionell handeln und Regeln verletzen, sind anschließend manchmal fassungslos. Die Krankenschwester war, nachdem der Patient wieder im Bett lag, erschüttert über sich selbst, weil sie nicht konform reagiert hatte. Bereits kurze Zeit später wurde das

Erlebnis jedoch zu einer Anekdote, die von ihr und anderen immer wieder gerne erzählt wurde. Es ist das überraschende Moment, das uns fasziniert und schmunzeln lässt. Und die beiden Erlebnisse zeigen, welche Kraft in einer Überraschung liegen kann. Es werden Wendungen bewirkt, die wir kaum für möglich halten würden.

Eine vergleichbare Kraft steckt auch in gutem Humor. Wenn er ins Schwarze trifft, können wir lachen. Warum und worüber wir lachen, das liegt ziemlich im Dunkeln. Aber sobald wir lachen, lösen sich Spannungen in uns selbst und häufig auch unter Menschen. Wenn Menschen gemeinsam lachen, wird etwas Verbindendes erlebt, und sogar verhärtete Fronten können aufweichen. Wer zwei unversöhnlich gegenüberstehende Parteien nicht nur mutig, sondern auch humorvoll konfrontiert, kann Brücken bauen und den Dialog erleichtern. Humor und Lachen sind in der Lage, unsere Stimmung zu heben. Derart innerlich gelöst, fällt es nicht nur leichter, Unangenehmes oder Heikles anzusprechen, sondern auch anzuhören. Insofern kann guter Humor in einem verfahrenen Streit befreiend wirken und Raum für Kompromisse eröffnen.[61]

Exkurs: Ist Mut männlich?

Mut und Tapferkeit galten in früheren Jahrhunderten als Eigenschaften der Männer, und diese Vorstellung hat sich auch in der Sprache niedergeschlagen.[62] In zahlreichen Begriffen wird Mut mit Männlichkeit gleichgesetzt. So stellt der französische Ausdruck *avoir des couilles,* »Hoden haben, mutig sein«, den Zusammenhang zwischen Brunft und draufgängerischem, mutigem Angriff her. Ein anderes Wort für Mutigsein, *avoir du poil,* »behaart sein«, verknüpft ein weiteres körperliches Merkmal des Mannes mit dem Mut. Und im Deutschen wird ein Feigling »Schlappschwanz« genannt. Potenz und männliche Tapferkeit scheinen einander zu bedingen – insbesondere in körperlich auszutragenden Kämpfen. Hingegen galten Frauen früher als schwaches und ängstliches Geschlecht, was sich im Begriff »Memme« widerspiegelt, der sich aus der lateinischen Bezeichnung für die weibliche Brust, *mamma,* entwickelt hat.

Doch stimmt diese einfache, auf biologischen Unterschieden beruhende Zuordnung? Ist Mut tatsächlich ein Vorrecht der Männer? Der Ökonom Martin Sutter von der Uni Innsbruck hat in einer Studie untersucht, ob das Geschlecht eines Menschen die Selbsteinschätzung und die Lust beeinflusst, sich in Wettbewerben zu messen.[63] Sutter ließ 780 Kinder entscheiden, ob sie eine bestimmte Aufgaben ganz allein lösen oder sich dabei mit anderen im Wettstreit messen wollten. Bei Letzterem war der Gewinn höher als im Alleingang. Das Ergebnis: Die Leistung von Mädchen ist genauso hoch, doch sie vermeiden es lieber, miteinander zu konkurrieren. Jungen dagegen überschätzen sich eher und lieben den Wettkampf. Dieses unterschiedliche Verhalten entwickelt sich bei Mädchen und Jungen jedoch erst nach und nach. Bei Dreijährigen ist es noch gleich, bei Achtjährigen sind dagegen sehr wohl Unterschiede zu beobachten. Martin Sutter schließt daraus, dass Frauen ihre Potentiale nicht nutzen, weil sie zu wenig rivalisieren und deshalb seltener in gehobene Jobpositionen kommen. Umgekehrt würden schwächere Männer Karriere machen, weil sie weniger selbstkritisch seien und den Wettbewerb suchten.[64]

Es gibt also Unterschiede in Sachen Mut; die Sprache irrt hier nicht völlig. Frauen sind im Durchschnitt weniger mutig, zumindest, wenn es um Konkurrenz geht. »Macht Mädchen mehr Mut zur Konkurrenz«, lautet deshalb das Fazit der Studie. Doch ist es für Frauen wirklich sinnvoll, hier gleichzuziehen? Sollen sich Frauen Mut ancoachen lassen, um mutiger zu rivalisieren? Der anscheinend testosterongesteuerte Wettbewerb könnte nämlich das Zocken mit Derivaten, das Zusammenschnüren hochriskanter Anlagepapiere und das Wegschauen in Kontrollgremien begünstigt und einiges zur Finanzkrise beigetragen haben. Konkurrenz kann also nicht nur beleben und das Beste aus Menschen herausholen, sondern auch durch Selbstüberschätzung und Realitätsverlust in eine Katastrophe münden. Frauen fielen in der Finanzkrise tatsächlich durch eher besonneneres Verhalten auf. Und Trendforscher haben längst die messbar höheren Erfolgsraten heterogener Führungsteams erkannt. Bei einer Untersuchung der 500 größten Aktiengesellschaften Amerikas fiel auf, dass die Firmen mit Frauen im Vorstand im Vergleich zu solchen ohne Frauen eine bis zu 53 Prozent höhere Eigenkapitalrendite erzielen. Auch McKinsey befindet: Wo sich mindestens drei Frauen im Vorstand finden, steigen die Erträge nachweislich. Frauen verhalten sich eher kooperativ als konkurrierend, und das hat offensichtlich auch positive wirtschaftliche Auswirkungen. Es scheint also von Vorteil zu sein, wenn Frauen und Männer sich in ihren Unterschieden ergänzen, anstatt dass Frauen sich etwas an das männliche Konkurrenzgebaren anpassen und umgekehrt.

Vor einigen Jahren berichtete ein Wissenschaftler von einem internationalen Kongress in Australien, bei dem die Kolleginnen und Kollegen in kleinen Gruppen versuchten, sich auf die drei wichtigsten Werte zu einigen. Die Aborigines seien sich innerhalb weniger Minuten einig gewesen. Sie nannten: Bewahrung der Schöpfung, Respekt vor allem Leben und Bereitschaft zu teilen. Es fällt nicht schwer, dem zuzustimmen. Diese Werte sind eindeutig positiv, und wenn wir sie mutig verteidigen, kommt das allem Leben zugute. Man könnte von Grundwerten sprechen. Die Wissenschaftler aus den westlichen Ländern hätten sich damals trotz langer Debatten nicht einigen können. Das wundert mich nicht. In unserer komplexen Welt haben zusätzliche Faktoren wie Erfolg, Macht, Geld oder Konkurrenz – ob es uns gefällt oder nicht – einen hohen Stellenwert. Doch sie sind im Gegensatz zu den drei Grundwerten weder eindeutig positiv noch eindeutig negativ. Erst im jeweiligen Kontext können wir beurteilen, ob sie förderlich oder destruktiv wirken. Deshalb fällt es begreiflicherweise schwer, sich hier zu einigen. Für Männer und Frauen gilt gleichermaßen: Mutiger Einsatz für Karriere, Ruhm oder Reichtum lohnt sich manchmal, aber nicht immer. Statistisch gesehen haben Männer zwar mehr Mut zur Konkurrenz und zum Kampf, aber in anderen Lebensbereichen hinken sie den Frauen hinterher, insbesondere in Beziehungsfragen. Jede dritte Ehe landet mittlerweile vor dem Scheidungsrichter, und selbst langjährige Ehen sind zunehmend gefährdet. Waren vor knapp zehn Jahren in Baden-Württemberg nur rund 14 Prozent der Geschiedenen zwischen 50 und 55 Jahren alt, sind es laut Statistischem Landesamt mittlerweile rund 23 Prozent. Gerade wenn die Kinder aus dem Haus sind, kommt es häufig zum Bruch. Weil sich der Frust aufgestaut und man sich voneinander entfremdet hat, wollen vor allem die Frauen nicht länger aus Gewohnheit zusammenbleiben, sondern einen Neuanfang wagen. So gingen 2008 bundesweit in 55 Prozent der Fälle die Trennung von Frauen aus, nur in etwa 37 Prozent von den Männern. Auch in Sachen Gesundheit sind Frauen mutiger als Männer. Sie trauen sich häufiger zu Vorsorgeuntersuchungen, während

Männer oft erst dann zum Arzt gehen, wenn es schon fast zu spät ist.[65]

In vielen weiteren Lebensbereichen beweisen Frauen ihren Mut. Beispielsweise setzt sich die Kölner Ärztin Monika Hauser mit ihrem Verein *Medica mondiale* für traumatisierte Frauen in Kriegs- und Krisengebieten ein. Für ihre Lebensleistung bekam die Medizinerin 2008 den alternativen Nobelpreis. Und die Soziologin Esther Mujawayo aus Ruanda verlor 1994 in den blutigen Kämpfen zwischen Hutu und Tutsi Ehemann und einen Großteil ihrer Familie. Mit ihren drei Töchtern entkam sie dem Genozid und arbeitet heute als Traumatherapeutin im Psychosozialen Zentrum für Flüchtlinge in Düsseldorf. Ihrer Heimat bleibt sie durch das Hilfswerk *Avega* verbunden, das sie mit anderen Witwen aufgebaut hat. Diese beiden und andere mutige Frauen haben die Schauspielerin Iris Berben und die Journalistin Nicole Maibaum in ihrem Buch über moderne Heldinnen porträtiert.[66] Alle Frauen traten beherzt und entschlossen für Gleichberechtigung und gegen Gewalt ein. Und hinter einigen dieser Frauen stehen auch kraftvolle, gleichgesinnte Männer, die sie unterstützen.

Fazit ist: Sowohl Frauen als auch Männer können mutig handeln. Und auch die Sprache differenziert zwischen männlichem und weiblichem Mut: Manche Worte, die auf »-mut« enden sind männlich, andere dagegen weiblich. So heißt es »der Hochmut«, »der Wagemut« und »der Übermut«, aber »die Sanftmut«, »die Schwermut« und »die Wehmut«. Die Grammatik unterscheidet dabei nicht zwischen guten und schlechten Gemütslagen, sondern zwischen eher extravertierten (männlichen) und eher introvertierten (weiblichen) Zuständen. Doch diese Zuordnung gilt nicht biologisch: Denn wer kennt nicht auch hochmütige Frauen oder schwermütige Männer? Beide Geschlechter trauen sich was, sobald ihnen etwas wirklich wichtig ist – und da gibt es spezifische Unterschiede. Das verwundert nicht, denn Frauen und Männer haben nicht immer die gleichen Bedürfnisse, Ängste und Ziele.

Übung: Wie und wo schöpfe ich Kraft?

Erlebte Kraft

Versuchen Sie, sich zu erinnern: Wann und wo haben Sie sich in der Vergangenheit kraftvoll erlebt? Was hat Ihnen Ihre Kraft ermöglicht? Können Sie diese Kraftquelle auch heute noch mobilisieren? Wenn nein, was hindert Sie daran?

Kraftkiller

Was raubt Ihnen Energie? Gewisse Tätigkeiten? Angewohnheiten? Personen? Können Sie das beeinflussen? Wenn ja, wie? Wagen Sie, es zu ändern? Diskutieren Sie mit anderen über Ihre Ideen und Sichtweisen.

Kraftquellen

Wo tanken Sie Kraft? In Beziehungen? In einer Tätigkeit? In der Natur? Durch Musik? Oder …? Welche inneren Bilder tauchen auf?

Wo erleben Sie sich kompetent? Und wo nicht? Sind Sie bereit, Ihre Fähigkeiten zu erweitern?

Können Sie glauben? Und wenn ja, an was? Wovon sind Sie fest überzeugt? Erleben Sie Ihren Glauben oder Ihre Überzeugungen als eine Kraft?

Wonach sehnen Sie sich? Was erhoffen und wünschen Sie sich? Motiviert und bewegt Sie das? Können Sie dadurch Hindernisse überwinden?

Beobachten Sie aufmerksam die Kraftquellen anderer Menschen.

Kritik

Fällt es Ihnen leicht, andere zu kritisieren? Warum?

Können Sie gut Kritik vertragen? Wenn ja, warum? Wenn nein, warum?

Diskutieren Sie mit Menschen, die mit Kritik anders umgehen als Sie. Versuchen Sie, die Kraft der Kritik zu ergründen.

Neid erkunden

Wenn Sie den mächtigen Impuls spüren, einem anderen aus Neid zu schaden, dem aber nicht nachgeben wollen, können Sie sich in einer Phantasiereise auf eine einsame Insel versetzen. Kein Mensch ist weit und breit, Sie bewohnen sie ganz allein. Sobald Sie sich entspannt und wohl fühlen, konzentrieren Sie sich auf das, was Sie neiden. Nehmen Sie die auftauchenden Bilder, Gedanken und Assoziationen bewusst wahr. Wie fühlt sich der Neid für Sie an? Wie mächtig ist jetzt das Neidthema? Gibt es einen Unterschied zum Neid zu Hause? Versetzen Sie sich nach einiger Zeit zurück in Ihren Alltag und beobachten Sie erneut, was sich für Sie ändert.

Die Katastrophen von gestern sind die Anekdoten von heute

Erinnern Sie sich an schreckliche Ereignisse, Peinlichkeiten, Notsituationen oder problematische Entscheidungen, die Sie heute im Rückblick mit Humor erzählen können. Was bewirkt die Erinnerung? Können Sie im Rückblick in diesen Erlebnissen auch eine Kraft entdecken?

Mut braucht Vorbilder und Helfer

Was tun, wenn die Angst mich hemmt?

Angelika ist verunsichert und blockiert. Vor wenigen Tagen verstarb unerwartet ein fünfjähriges Kind, das mit ihrem Sohn Florian gemeinsam den Kindergarten besuchte. Fassungslosigkeit und Trauer sind groß. Erzieherinnen und Eltern beratschlagen, ob die Kindergruppe geschlossen an der Beerdigung teilnehmen soll. Skepsis macht sich breit, einige Stimmen warnen vor einer Überforderung der Kinder. Aufgrund der Bedenken einigt man sich, den Kindern die Beerdigung zu ersparen. Doch Florian erklärt seiner Mutter, dass er mit zur Beerdigung seines Freundes will. Was nun? Ist es abwegig, dem Wunsch von Florian nachzugeben, oder wäre das vielleicht doch verständlich?

Tabuthema Tod

Der französische Historiker Philippe Ariès[67] hat darauf hingewiesen, dass der abendländische Mensch über Jahrhunderte, vielleicht sogar über Jahrtausende, spürte, wann seine Todesstunde naht. In der Gewissheit seines kommenden Todes legte sich der Sterbende zu Hause ins Bett, rief Verwandte, Nachbarn und häufig auch einen Priester hinzu, um sich zu verabschieden und vor allen Anwesenden seinen letzten Willen zu bekunden. Noch im 18. Jahrhundert war das häusliche Sterbezimmer bis zum letzten Atemzug des Sterbenden ein öffentlicher Raum und voller Menschen. Immer waren Kinder dabei, bis der Tod eingetreten war. Heute sterben die meisten Menschen nicht mehr zu Hause, sondern überwiegend im Krankenhaus oder in Heimen, und nur noch sehr selten wird jemand zu Hause aufgebahrt. Die Form des langsamen Abschiednehmens erscheint nicht mehr zeitgemäß. Und während ein päpstliches Dokument im Mittelalter den Arzt verpflichtete, einen Sterbenden auf seinen nahen Tod hinzuweisen, sprachen ab dem 19. Jahrhundert Ärzte nur noch davon, wenn sie ausdrücklich gefragt wurden. Mit weiter wachsendem medizinischem Fortschritt verheimlichten Ärzte oder Angehörige dem Sterbenden zunehmend die Wahrheit über den nahenden Tod. Er sollte auf diese Weise geschont werden.

Sterbende wurden durch eine solche Verheimlichung zwar geschont, aber auch ihrer Souveränität und Selbstbestimmung beraubt, weil von nun an Ärzte und Angehörige die wesentlichen Entscheidungen trafen. Der Kranke oder Sterbende war im Gegensatz zum Hochmittelalter nicht mehr in der Lage, sich über seinen Tod klarzuwerden, ihn vorzubereiten und zu organisieren. Diese Entmachtung des Sterbenden – Ariès spricht sogar von Enteignung – sollte zu seinem Besten geschehen. Vielleicht ist das heutige vehemente Drängen einiger Menschen, die passive oder aktive Sterbehilfe endlich zu legalisieren, der unbewusste Versuch, diese auf Ärzte und Angehörige übergegangene Macht wieder zurückzufordern und zurückzuerobern, um ähnlich wie im Hochmittelalter den Tod zum Vertrauten zu machen und ihn selbstbestimmt zu gestalten.

Das Ende Juni 2010 ergangene Grundsatzurteil des Bundesgerichtshofs hat in diesem Sinne das Selbstbestimmungsrecht von Patienten gestärkt. Ärzte dürfen nun auf ausdrücklichen Wunsch des Patienten lebensverlängernde Maßnahmen abbrechen, selbst wenn der Patient noch nicht kurz vor dem Tod steht. Dabei kommt es nicht darauf an, ob der Abbruch durch aktive Handlungen erfolgt, also beispielsweise durch das Entfernen eines Ernährungsschlauches. Bei Patienten – auch bei bewusstlosen – ist allein deren mutmaßlicher Wille entscheidend. Dieses Urteil ermöglicht, dass der Tod – wenn es so gewollt ist – wie früher in einem natürlichen, schicksalhaften Ablauf erfolgt, und erlaubt, technisches Eingreifen abzulehnen. Wehrte sich der Mensch zunächst gegen den natürlichen Verlauf, so erobert er ihn heute ein wenig zurück, ringt also um eine gesunde Balance zwischen Natur und Technik, zwischen Hingabe und Kontrolle.

Seit der Aufklärung hat sich unsere Einstellung zum Tod und zum toten Körper erheblich verändert. Durch Medizin und Aufklärung sind Sterben und Tod enttabuisiert worden. Zuvor erlebten die Menschen angesichts eines Leichnams die Präsenz eines Mysteriums: Der Leichnam war unheimlich. Furcht und Ehrfurcht prägten den Umgang mit einem toten Menschen. Das Mittelalter fühlte sich noch vom Jenseits bedrängt, glaubte an aktive, zurückkehrende Tote, die man mit Friedhofsmauern und am Eingang liegenden Rosten – den sogenannten Hexengittern, die als Beinbrecher fungieren sollten – auf Distanz zu den Lebenden halten wollte. Niemand würde heute solche Schutzvorrichtungen für notwendig halten. Die heutige Entmythologisierung und Enttabuisierung ermöglichen Kosten-Nutzen-Überlegungen, bei denen der tote Körper zur Ware wird: Man kann seine Organe entweder transplantieren oder eben auch nicht. Nicht wenige Lebende empfinden zudem heute ihren Leichnam als Zumutung für die Nachkommen, da er den Angehörigen im Falle einer Erdbestattung in einem persönlichen Grab die Grabpflege aufbürden würde. Viele wollen ihren Angehörigen eine solche Last ersparen. Pflegeleicht und kostengünstig soll die letzte Ruhestätte sein, und Billigimporte von Särgen aus Osteuropa oder Preisvergleich unter Bestattern sind heute weitgehend üblich; die weit verbreitete Angewohnheit der Schnäppchenjägerei hat auch hier Fuß gefasst, was vor wenigen Jahrzehnten noch als pietätlos gegolten hätte.

Man könnte meinen, dass ein derart nüchterner Umgang mit den Toten eine Verringerung der Furcht bewirkt, dem ist aber nicht so: Tod und Sterben sind bis heute unheimliche und mysteriöse Phänomene. Doch was bewirkt es, wenn versucht wird, Sterbende, Angehörige oder Kinder vom Thema Tod »zu verschonen«? Zumal der Tod die natürlichste Sache der Welt ist und keiner ihm entkommen kann? Je seltener und je distanzierter wir ihm begegnen, desto fremder wird er uns. Und das Fremde oder Unbekannte kann uns faszinieren, aber auch ängstigen. Angesprochen auf Altwerden und Tod bemerkte Woody Allen in einem Interview: »Ich bin dagegen«, und brachte damit die Zuhörer zum Lachen. Sein Ausspruch bringt es auf den Punkt: Wir wollen nicht sterben, sondern sehr lange – manche sogar ewig – leben. Wir verdrängen, wie zerbrechlich und vergänglich trotz allen Fortschritts das Leben immer noch ist. Doch je mehr wir das Thema Tod verdrängen, desto mehr Phantasien haben wir über ihn und umso größer wird häufig die Furcht. Da erscheint es provokant, wenn Plato feststellt:[68] Nicht den leiblichen Tod, sondern nur den seelischen Tod brauchen die Menschen zu fürchten. Doch nicht alle, die sich heute vor dem Tod fürchten, hilft diese Aussage wirklich weiter. Was soll Angelika beispielsweise tun?

Der kleine Florian hat keine Scheu vor der Beerdigung. Wie viele Kinder in seinem Alter interessiert ihn das Thema Tod. Er hat einige Fragen. Er will wissen, wo die Verstorbenen leben, ob sie Hunger und Durst haben und was sie den ganzen Tag lang tun. Als seine Mutter schließlich wagt, ihn zur Beerdigung mitzunehmen, sind viele Anwesende irritiert. Trotz der Aufklärung fällt zahlreichen Menschen die Konfrontation mit dem Tod schwer. Viele haben keine Antworten auf die Fragen der Kinder, und anstatt das mutig zuzugeben, weichen sie aus, geben nicht zu, dass weniger die Kinder, als die Erwachsenen selbst mit dem Thema Tod und Abschied überfordert sind. Es scheint, dass wir unsere Gefühle der Ratlosigkeit und Ohnmacht auf die Kinder projizieren. Wenn wir nämlich die Konfrontation mit dem Thema meiden, schonen wir nicht die Kinder, sondern vor allem uns selbst. Sobald Kinder aber spüren, wie heikel oder unangenehm ein Thema für Erwachsene ist, überträgt sich das auf sie. Sie schließen instinktiv, dass der Tod ein schreckliches Tabu sein muss.

Kinder sind jedoch viel seltener überfordert, als die Erwachsenen annehmen. Davon erzählt das Buch *Oskar und die Dame in Rosa*[69]. Der zehnjährige leukämiekranke Oskar belauscht ein Gespräch und hört dabei, was er nicht hören soll: Seine Eltern erfahren vom behandelnden Arzt, dass alle Behandlungsversuche gescheitert sind und er bald sterben muss. Seine Mutter schluchzt und gibt zu, dass ihr der Mut fehlt, ihren Sohn jetzt in den Arm zu nehmen. Sie braucht Trost und ist nicht in der Lage, ihren Sohn zu trösten. Und der Vater will nicht, dass Oskar sie beide in diesem Zustand sieht. Er will die Schwäche und Erschütterung verbergen. Darüber urteilt Oskar hart. Seine Eltern sind Feiglinge, aber das ist nicht das Schlimmste. Sie sind vor allem Feiglinge, die ihn für einen Feigling halten. Das empört und verletzt ihn so, dass er sich enttäuscht zurückzieht und sein Vertrauen in sie verliert. Wahrscheinlich hat er keinen Trost oder Stärke gebraucht, wie seine Mutter meinte, sondern Eltern, die mutig ihre Verzweiflung zeigen und mit ihm teilen. Eltern, die Beziehung wagen, obwohl es um Schrecklichstes geht. Eltern, die trotz unfassbarem und ungewolltem Leid Nähe und Dialog zulassen. Da braucht es nicht unbedingt kluge Worte oder Erklärungen, zumal sowieso niemand weiß, was Sterben bedeutet.

Oskar ist wütend, dass seine Eltern ihm die notwendige Nähe vorenthalten. Und er hat nur eine Erklärung für ihre Feigheit: Sie haben Angst vor ihm. Deshalb kommt er sich wie ein Monster vor.

Da macht ihn Rosa, eine ältere Frau, die im Krankenhaus zu seiner wichtigsten Vertrauensperson geworden ist, auf einen feinen, aber bedeutenden Unterschied aufmerksam. Seine Eltern fürchten sich nicht vor ihm, sondern vor der Leukämie. Doch die Krankheit ist nun mal ein Teil von ihm, und wenn seine Eltern mit ihm deshalb distanziert umgehen, fragt sich Oskar ernsthaft, ob sie ihn noch liebhaben, seitdem er sterbenskrank ist. Diese Unsicherheit schmerzt ihn sehr, und so zieht er sich trotzig von seinen Eltern zurück. Vielleicht ist das einfach der Versuch, ihnen zuvorzukommen. Es fühlt sich nämlich meistens besser an, jemanden aktiv zurückzustoßen, bevor man selbst abgewiesen wird. Rosa baut ihm in diesem Dilemma eine Brücke. Sie erinnert ihn daran, dass nicht nur er, sondern auch seine Eltern und sie selbst eines Tages sterben werden. Jeder wird früher oder später dem Tod begegnen, und das verbindet alle Menschen. Diese Gemeinsamkeit hilft Oskar, die Unbeholfenheit seiner Eltern zu ertragen und sich mit ihnen zu versöhnen.

Oskars Geschichte zeigt, was Kinder und Erwachsene brauchen: keinen Heldenmut, der den Tod leugnet, sondern den Mut, sich der eigenen Überforderung, Ohnmacht oder dem Schmerz zu stellen und dabei in Beziehung zu bleiben. Das hat Angelika getan, als sie wagte, entgegen dem mehrheitlichen Votum der Erwachsenen ihren Sohn zur Beerdigung mitzunehmen. Die Zeremonie, die Trauernden und der Sarg des kleinen Freundes haben Florian beeindruckt und gleichzeitig beruhigt. Er hat ganz konkret erlebt, was passiert, wenn ein Mensch beerdigt wird. Er weiß jetzt Bescheid.

Die Hoffnung der anderen Eltern dagegen erfüllte sich nicht. Sie hatten erwartet, dass die von der Beerdigung ausgeschlossenen Kinder den Todesfall rasch vergessen würden. Aber das Gegenteil war der Fall: Sie hörten nicht auf zu fragen, waren besorgt und nicht in der Lage, den Tod zu fassen. Während Florian dank seiner natürlichen Neugier die Chance hatte, seinen Erfahrungshorizont zu erweitern und gleichzeitig den Abschied hautnah mitzuerleben, blieb für die anderen Kinder der Tod eine Art »Blackbox«, die sie nur mit ihren beunruhigenden Phantasien füllen konnten. Die Erwachsenen mussten erkennen: Nicht Florian, sondern die Daheimgebliebenen waren mit dem Geschehen überfordert. Der Tod hört nicht auf zu existieren, selbst wenn man versucht, ihm auszuweichen oder ihn auszublenden. Er wird durch Verleugnung meistens nur unheimlicher.

Noch im Mittelalter waren die Menschen davon überzeugt, dass die Kunst des Sterbens mit der Kunst zu leben gleichzusetzen ist. Damals waren *ars moriendi* und *ars vivendi* untrennbar verbunden. Die ständige Begegnung mit dem leibhaftigen Tod erinnerte die Menschen immer wieder an die Begrenztheit der geschenkten Lebenszeit. In der Konfrontation mit dem physischen Tod werden die Qualität und der Wert der Zeit gegenwärtig und deutlich, dass die schönen Zukunftsphantasien möglicherweise Illusionen sind. Das kann bitter sein, aber auch helfen, bewusster im Hier und Jetzt zu leben.

So war und ist die Konfrontation mit Tod und Sterben nicht schädlich, sondern ganz im Gegenteil fruchtbar für das eigene Leben. Und das gilt auch für andere existentielle und brutale Realitäten. Ich habe schon heftige Diskussionen unter Müttern erlebt über die Frage, ob man heutigen Kindern die grausamen Märchen noch zumuten darf. Schmerz, Teuflisches oder andere Schrecklichkeiten könnten die Kinder verstören. Aber schlimme und leidvolle Erfahrungen bleiben keinem Menschen erspart, und Märchen bieten für diese Situationen verschiedene Auswege und Lösungsmuster an. Märchen regen im Umgang mit destruktiven Kräften die eigene Phantasie an und schenken Hoffnung, weil sie zeigen, wie wir angemessen mit Not, Angst und Schrecken umgehen können. Märchen erweitern also den Erfahrungsschatz und die Kompetenz der Kinder und stärken sie für dunkle Tage.

Vom Wesen unserer Instinkte

Tod, Leid und Schmerz verängstigen uns – bis hin zur Lähmung. Und Lähmung oder Blockade sind, spätestens wenn sie in Erstarrung übergehen, dem Totstellreflex vergleichbar, mit dem sich wehr- und hilflose Tiere vor übermächtigen Feinden schützen. Junge Tiere, die von der Mutter getrennt worden sind, werden panisch. Zunächst versuchen sie, mit »Trennungsrufen« wie Weinen, Jaulen oder Piepsen ihre Mutter auf sich aufmerksam zu machen. Gleichzeitig wird ihr Such-System aktiviert und die Mutter gesucht. Falls das Junge die Mutter nach einer Weile nicht findet, beginnt es, sich zurückzuziehen und zu isolieren. Die Veränderung vom Suchen zum Rückzug hängt wahrscheinlich mit der Tatsache zusammen, dass es für das junge, verängstigte Tier zu gefährlich ist, zu lange nach der Mutter Ausschau zu halten. Es scheint sicherer, still und starr zu liegen, abzuwarten und zu hoffen, von der Mutter gefunden zu werden.

Sich nicht zu bewegen und nicht aufzufallen, ist eine von mehreren instinktiven Reaktionsweisen von Tieren, sobald sie in Todesgefahr geraten. Dieses Verhaltensmuster ist bei ungleichen Kräfteverhältnissen sehr sinnvoll. Falls nämlich ein Tier keine Chance hat, einen Kampf zu gewinnen, wäre es fatal, sich mit einem Gegner anzulegen. Niederlage und damit Tod wären zu wahrscheinlich. Da ist es vorteilhafter, sich per Totstellreflex unsichtbar oder als Beute unattraktiv zu machen. Und dieser instinktive Reflex ist auch Bestandteil des menschlichen biologischen Verhaltensrepertoires. Der angeborene Reflex wird jedoch nicht nur angesichts realer Todesgefahr aktiviert, sondern auch in Situationen, in denen wir mit einem symbolischen Todeserlebnis konfrontiert sind. Das ist beispielsweise der Fall, wenn unsere Beziehungen, Arbeitsverhältnisse, Hoffnungen oder Lebensabschnitte zerstört werden oder in Gefahr sind, zerstört zu werden. Es geht um das Sterben im Leben, um furchtbare Abschiede oder radikalen Wandel.

Wer von Angst erfasst wird, kann von Vernichtungsgefühlen gelähmt werden. Eine derartige Erstarrung ist Ausdruck einer »kalten« Angst und kann beim akuten Auftreten von Frieren oder Zittern, vielleicht sogar der Empfindung, das eigene Blut gefriere zu Eis, begleitet sein. In einer solchen Situation verlieren wir häufig allen Mut, denn zum mutigen Handeln braucht es Wärme. Einen mutigen, frechen Menschen nennen wir nämlich »unverfroren«. Doch auch Angst kann eine »heiße Emotion« sein, wie unsere Sprache deutlich macht. Begriffe wie Lampenfieber oder Prüfungsfieber zeigen, dass Angst auch eine hitzige und feurige Aufregung sein kann. Die kalte und die heiße Angst können uns abwechselnd beherrschen, so dass es einem »heiß und kalt« vor Angst den Rücken hinunterläuft. Aber es braucht die heiße Angst, um zornig zu werden. Zorn und Angst haben dann den gleichen Ursprung, auch dies weiß die Sprache: Aus demselben indogermanischen Begriff »ang« gehen nicht nur die Begriffe »Angst« und »Drang«, sondern auch englisch *anger*, Zorn, hervor. »Enge« ist die Wurzel von »Angst« und »Zorn«.

Doch was ist zu tun angesichts von Hemmungen, Verzweiflung oder Blockaden, die mit der Angst einhergehen? Zunächst einmal sollten wir uns vergewissern, ob unsere Hemmung oder ängstliche Zurückhaltung zumindest für eine gewisse Zeit sinnvoll ist. Wenn wir merken, dass wir vor einem bestimmten Schritt oder einer Auseinandersetzung instinktiv zurückweichen und quasi in Deckung gehen, können wir uns fragen, ob es nicht tatsächlich sein kann, dass die Bedrohung vorbeigeht, sofern wir uns passiv verhalten und still ausharren. Besonders bei Autoritäts- und Machtkonflikten am Arbeitsplatz, in denen wir uns permanent ohnmächtig erleben, kann diese Überlegung wichtig sein. Wer nämlich in stark hierarchisch strukturierten Organisationen gegen den Chef oder die Chefin aufmuckt oder unbequeme Fragen stellt, vielleicht sogar nur wagt, eigenständig zu denken, verspielt manchmal seine Karrierechancen oder gar seine Zukunft.

Um ein solches Aus zu vermeiden, muss man sich zwangsläufig anpassen, kuschen oder eine Kündigung in Kauf nehmen. Das hat auch Sabine, eine junge, fortgeschrittene Assistenzärztin an der Uniklinik erlebt. Während ihrer Facharztausbildung kritisierte die zuständige Oberärztin nicht nur ständig ihre praktische Arbeit, sondern sie musste auch ihre Berichte mehrfach neu schreiben. Weder der Inhalt noch die Form waren gut genug. Einerseits nagten an Sabine zunehmend mehr Selbstzweifel, andererseits spürte sie auch eine wachsende Wut. Sie war keine blutige Anfängerin mehr und hatte an anderen Arbeitsplätzen aufgrund ihres Könnens Wertschätzung erfahren. Wäre es deshalb nicht an der Zeit, ein Gespräch mit der Vorgesetzten zu wagen und den persönlichen Unmut deutlich zu äußern?

Ihre Kollegen rieten ihr ab, zu viele Assistenten hätten sich schon die Zähne ausgebissen, ohne dass sich etwas geändert habe. Alle, die bisher die Konfrontation gesucht hätten, seien vermehrt in die Schusslinie geraten und schließlich entmutigt gegangen. Zähneknirschend beschloss Sabine auszuharren, schließlich brauchte sie nur noch neun Monate, bis sie ihren Facharztabschluss in der Tasche haben würde. Es müsste doch möglich sein, diese schwierige Zeit zu ertragen. Aber die Arbeitstage und Wochen kamen Sabine endlos vor und die Zeit war sehr frustrierend für sie. Als die Oberärztin erneut einen Entlassbericht nicht akzeptierte, wollte sie sich dieser Kritik nicht mehr beugen. Sie wagte es, den

Brief unkorrigiert drei Tage liegen zu lassen, um ihn dann erneut vorzulegen. Anstandslos wurde er akzeptiert. Sabine spürte Schadenfreude und sogar Triumph. Für sie war nun offensichtlich, dass die ständige Kritik willkürlich war und mit Ihrer Person oder ihrer Arbeit gar nichts zu tun hatte, sondern zumindest teilweise nur ein Einschüchterungsversuch war. Doch was hätte Sabine gemacht, wenn ihre Dreistigkeit bemerkt worden wäre? Ihrem Kollegen erklärte sie, dass sie sich eine Ausrede zurechtgelegt hatte, aber schlimmstenfalls auch eine Kündigung in Kauf genommen hätte. Sie hatte die Willkür und Schikane endgültig sattgehabt und um ihrer Selbstachtung willen keine Angst mehr vor einer Veränderung.

Wie ist es mit Ihnen? Würden Sie ein solches provozierendes Verhalten tolerieren oder sogar selbst in Erwägung ziehen? Oder nur eine direkte und faire Auseinandersetzung akzeptieren? Nicht jeder könnte derart listig handeln. Aber mit einer Übermacht können wir uns nicht immer offen anlegen. Es gibt Autoritätspersonen, die keinerlei Interesse daran haben, sich in Frage stellen zu lassen oder Einfluss abzugeben. Je größer ihr Interesse am Machterhalt ist, desto geringer ist die Chance eines Dialogs auf Augenhöhe. Da braucht es manchmal Menschen, die eine kluge List wagen. Sie ist eine Alternative, wo ein offener Machtkampf nicht zu gewinnen ist.

Die Kraft der List

Wie man mit List einen Machtkampf gewinnt, zeigt auch das Märchen *Hänsel und Gretel.* Die beiden verlassenen Kinder verirren sich im Wald und sind viel hilfloser und schwächer als die alte Hexe, die sie in ihr Häuschen aufnimmt. Doch die will nichts Gutes, sondern plant, die Kinder zu töten und zu essen. Erst als die Hexe den Hänsel einsperrt, erfährt Gretel von diesem Plan. Am Abend zuvor waren sie und ihr Bruder noch festlich bewirtet worden und hatten sich gefühlt wie im Himmel. Jetzt soll Gretel ihren Bruder mästen, damit die Hexe sich später an ihm richtig satt essen kann.

Wer dieses Bild in die Realität übersetzen will, kann etwa an ein verlockendes Angebot denken, auf das sich jemand gerne einlässt: Eine einmalige Chance tut sich auf oder ein Traumjob wird uns angeboten. Wer will sich da nicht verführen lassen und euphorisch zusagen? Aber falls die Geschichte wie im Märchen verläuft, kommt ziemlich bald die Ernüchterung. Hinter der schönen Fassade ist die Welt mitnichten heil. Da will z. B. ein Vorgesetzter zu sehr auf unsere Kosten leben und vereinnahmt vielleicht unsere Ideen und Entwürfe für sich, um uns anschließend fallen zu lassen. Wir spüren das, sind aber gleichzeitig in einem Klima aus Angst und Ohnmacht gefangen.

Das »Gefressenwerden« ist auch ein Bild für destruktive Ausbeutung. In der Arbeitswelt wird diese beispielsweise durch befristete Arbeitsverträge oder Zeitarbeit praktiziert. Heute gibt es das in immer mehr Branchen. Arbeitgeber können dadurch flexibler reagieren und zudem Kosten sparen. Das bringt der Arbeitgeberseite nicht nur wirtschaftliche Vorteile, sondern auch mehr Macht. Die Angestellten fühlen sich wie auf einem Schleudersitz, das macht Angst und kann zu Anpassung, Hemmung oder Unterwerfung führen.

Die Hexe kann also eine einzelne Person symbolisieren, aber auch eine Gruppe von Menschen, eine Institution oder irgendeinen mächtiger Wirkfaktor, der uns zerstören will. Aber die Märchenbilder müssen nicht objektstufig verstanden, d.h. ausschließlich als Spiegel unserer äußeren Beziehungen gedeutet werden, sondern sind auch subjektstufig, d.h. als Teil eines innerseelischen Dramas zu interpretieren. Dann wäre die Hexe eine innere Kraft unserer eigenen Psyche, die uns im übertragenen Sinne auffressen und töten will.

Was empfiehlt uns das Märchen in einer solchen Situation? Wir hören, dass die Hexe den Hänsel erst dann fressen will, wenn er eine richtig fette Beute ist. Doch Hänsel täuscht die Hexe, zeigt ihr nicht seinen wahren Finger, sondern immer wieder nur ein mageres Knöchlein. Obwohl sie sich wundert, dass Hänsel nicht dicker wird, denkt sie nicht weiter nach und schöpft keinerlei Verdacht. In der Realität könnte das heißen, dass wir in einem scheinbar ausweglosen Autoritätskonflikt zunächst einmal Zeit gewinnen und dabei nicht offen zeigen, wie weit wir in unserer Arbeit gekommen sind oder wie genau es um uns steht. Vielleicht müssen wir manchmal Fähigkeiten zumindest teilweise verbergen und dabei den Missmut und die Verärgerung über unsere zu »mageren« Fortschritte ertragen. Diese Strategie ist jedoch nicht ungefährlich, kann sie doch als Arbeitsverweigerung oder Unfähigkeit interpretiert werden und zur Kündigung führen. Aber falls wir eine derartige Zurückhaltung wagen: Irgendwann funktioniert eine solche Taktik nicht mehr. Es gelingt nur für eine gewisse Zeit, sich auf diese Art und Weise zu schützen, bevor ein Arbeitgeber oder Forschungsleiter ungeduldig wird. Und so ist es auch im Märchen. Nach vier Wochen hat die Hexe genug gewartet und beschließt zu handeln. Sie will die beiden Kinder endlich töten. Gretel spürt die Lebensgefahr, als die Hexe sie auffordert, in den Ofen zu kriechen, um nach dem Feuer zu sehen. In ihrer Not stellt sie sich dumm. Als die Hexe ihr zeigen will, wie es geht, und ihren Kopf in den Ofen steckt, gibt ihr Gretel einen Stoß und wirft die Ofentür zu. Obwohl die Hexe nun zu jammern beginnt, lässt Gretel sie verbrennen. Anschließend kann sie ihren Bruder befreien.

Wie ist dieser Sieg möglich und was bedeutet er in der Realität? Menschen, die ihre Macht missbrauchen und bereit sind, andere rücksichtslos auszubeuten oder zu zerstören, sind nicht immer klug. Sie können hochintelligent und trotzdem dumm sein. Das ist kein Widerspruch. Die Dummheit, um die es hier geht, ist nämlich Folge einer Selbstüberschätzung. Wenn ein Mensch seine Autorität einschüchternd und unterdrückend gegen andere einsetzt, hat er manchmal den Eindruck, unverwundbar zu sein. Da er alle um sich herum schwach und ängstlich gehemmt wahrnimmt, meint er, dass ihm nichts mehr schaden kann. Solch ein Mensch kann sogar den Eindruck haben, über den Gesetzen zu stehen. Nichts scheint ihm verwehrt, nichts scheint ihn zu bedrohen. Er wähnt sich absolut sicher in seiner Position, seinem Einfluss und seiner Macht. Doch dieser Glaube ist eine fatale Täuschung. So hat ein bekannter Chefarzt und Koryphäe auf seinem Gebiet nicht gezögert, von seinen todkranken Patienten in bar zu entrichtende Extrahonorare zu fordern. Selbstherrlich wähnte er sich im Recht. Erst als diese gesetzeswidrigen Honorarforderungen und andere Unregelmäßigkeiten öffentlich wurden, konnte er belangt und suspendiert werden. Damit kam auch sein despotisches Verhalten gegenüber seinen Mitarbeitern zu einem Ende.

Manchmal wundern wir uns, wie einflussreiche Menschen im öffentlichen Leben über solche und ähnliche Fehler stolpern und zu Fall kommen. Genau das beschreibt das Märchen. Feuer ist nämlich nicht nur für Gretel, sondern auch für die Hexe tödlich. Und weil die Hexe das nicht wahrnimmt oder bedenkt, ist sie dumm. Sie ist auch dumm, weil sie Gretels Angst überschätzt und ihren Mut unterschätzt. Von Gretel können wir viel lernen. Wenn wir verängstigt und ausgeliefert sind, kann ihr Vorbild hilfreich sein. Sie ist nicht naiv oder gutgläubig, sondern hat Ahnung vom Bösen, sie weiß, wann es existentiell gefährlich wird und sie vernichten will. Sie spürt die Gefahr. Und als sie das realisiert, ist sie sich nicht zu schade, sich dumm zu stellen und listig zu handeln. Sie ist aber auch imstande, beherzt zu töten. Sie überwindet die Gefahr, indem sie selbst aktiv und mutig etwas Böses tut. Das bedeutet auch, dass sie nicht in die Mitleidsfalle läuft und zögert, als die Hexe zu jammern beginnt. Manche üble Potentaten beginnen nämlich um Verständnis zu werben, nachdem sie entmachtet worden sind. Sie beklagen dann etwa die Umstände, die ihnen angeblich keine Alternative ließen, oder betonen ihre ursprünglich guten Absichten, um ihre Verantwortung zu schmälern. Man könnte sagen, dass sie nach ihrem Sturz gerne als Opfer gelten wollen. Wer darauf hereinfällt, würde nie – wie Gretel – die Ofentür geschlossen halten. Was dann passieren würde, ist absehbar.

Mut und Angst gehören zusammen

Macht und Ohnmacht sind alltägliche Phänomene. Sie begegnen uns auf Schritt und Tritt. Im positiven Fall spürt ein mächtiger Mensch die Verantwortung, die mit seinen Entscheidungen und Befugnissen einhergeht. Er wird seine Stärke und seinen Einfluss nutzen, um die Untergebenen zu fördern und wachsen zu lassen. Er tritt ein für das Prinzip »leben und leben lassen« und hat Freude am Tun und der Kompetenz anderer. Er fühlt sich nicht ständig »von unten« bedroht und versucht zu ertragen, dass andere eines Tages stärker und mächtiger werden als er selbst. Es sind nicht diese Mächtigen, die wir fürchten, sondern jene Machthaber, die uns unverblümt signalisieren, dass wir uns fügen und unterordnen müssen, um nicht ihrer zerstörerischen Hand ausgeliefert zu sein. Hier ist es nicht verwunderlich, wenn wir uns ängstlich ducken. Doch Platon hat postuliert, dass es keinen Mut ohne Angst geben kann. Mut und Angst gehören zusammen, sie sind ein Paar. Wenn das Leben leicht, harmonisch und glücklich dahinfließt, brauchen wir Mut nicht unbedingt. Er ist vielmehr dann notwendig, wenn uns eine Gefahr in Angst und Schrecken versetzt und blockiert. Die Angst bedarf des Mutes und umgekehrt.

Aus der Etymologie erfahren wir, dass Angst einen Zustand der Enge beschreibt. Der Wortbestandteil »ang« in »Angst« bedeutet nämlich »eng«, und das »st« am Ende des Wortes wird übersetzt mit »das, was mit etwas verbunden ist«. Immer wenn es für uns eng wird und wir in eine innerseelische oder äußere Bedrängnis geraten, entsteht Angst.[70] Holger beschreibt seine Angstzustände mit folgenden Worten: »Wenn die Angst kommt, dann wird mir schlecht und schwindelig. Es drückt furchtbar im Kopf, es ist furchtbar eng, es ist ein Gefühl, als ob der Kopf gleich platzen würde. Mein Herz rast. Mein Körper ist total blockiert, vom Kopf bis zu den Zehen. Ich habe das Gefühl, nichts mehr bewegen zu können, und gleich ist es aus mit mir, Schluss, Ende, Tod.«

Holgers Angst drückt sich nicht nur seelisch, sondern auch in körperlichen Beschwerden aus. Seine Beschreibung macht deutlich, dass Angst Seelisches und Körperliches miteinander verbindet, somit ein psychosomatisches Geschehen ist. In der Angst sind wir ganzheitlich betroffen. Wenn wir Angst haben, kann unser Herz klopfen, die Atmung beschleunigen, der Darm reagieren (»Wir haben Schiss«), die Hände zittern oder der Schweiß auf die Stirn treten. Im Brustraum ist vielleicht eine Beklemmung und im Hals ein Kloßgefühl spürbar. All diese Phänomene sind nicht willentlich steuerbar, sondern laufen autonom ab. Holger erkennt, dass hinter seiner Angst die Angst vor dem körperlichen Tod steht, obwohl es aktuell gar keinen Grund gibt, den Tod fürchten zu müssen. Aber sein Angsterlebnis ist Todesangst, und das ist bei vielen Menschen so. Daran erinnern auch Redewendungen wie: »vor lauter Angst 1000 Tode sterben«, oder: »vor Angst vergehen«.

Sobald etwas Bedeutendes im Leben vernichtet zu werden droht und wir uns seelisch am Ende wähnen, kann die Urangst vor dem physischen Tod durchbrechen – mit den beschriebenen seelischen und körperlichen Phänomenen. Doch nicht nur einzelne Menschen werden immer wieder mit Zerstörung und Tod konfrontiert; es gibt kollektive Sterbeprozesse, bei denen ganze Kulturen oder auch Epochen untergehen. Ein solches Ereignis war das Sterben des alten Jahrtausends. Es hat die ganze Menschheit betroffen und nicht wenige Menschen verängstigt. Amerikanische Psychologen haben das beobachtet und im März 1999 von einer neuen epidemischen Angststörung, der Milleniumspanik, berichtet. Das kollektive Ereignis der Jahrtausendwende provozierte bei etwa 10 bis

20 Millionen Amerikanern apokalyptische Ängste. Manche hofften, die Endzeitangst könne überwunden werden durch das Wissen um das Wesen unserer Zeitrechnung. Kalender sind ja keine absoluten Größen, sondern künstlich definiert. So entsprach das Jahr 2000 dem Jahr 5760 im jüdischen oder dem Jahr 4698 im chinesischen Kalender. Angesichts dieser willkürlichen Festlegung gibt es eigentlich keinen rationalen Grund für eine Weltuntergangsangst.

Doch Hand aufs Herz: Wie oft ist es uns möglich, durch Appelle an unsere Logik oder Vernunft eine Angst zu überwinden? Nicht einmal die Angst vor einer Maus oder Spinne löst sich auf, wenn wir uns daran erinnern, wie harmlos diese kleinen Tiere sind. In der Regel kann man gegen die Angst nicht argumentieren. Erst wenn wir das Gefühl von Geborgenheit und Schutz wiedergefunden haben, beruhigt sich unsere Angst. Und so wird der einzelne Mensch oder auch ein ganzes Volk unwillkürlich nach etwas suchen, von dem man sich aufgehoben und getragen fühlen kann.

Viele Menschen, die im Jahr 1000 an Weltuntergangsbefürchtungen litten, fanden diese Geborgenheit im Schoß der Kirche. Sie erkauften sich Gebetsleistungen, um sich damit angesichts des vermeintlich bevorstehenden Jüngsten Gerichts das eigene Seelenheil zu sichern. Heute wäre ein solcher Ausweg für die meisten verängstigten Menschen nicht mehr gangbar. Zu sehr haben sich unser Glaube und unsere Vorstellungen von der Welt und dem Jenseits verändert. Aber zu allen Zeiten brauchen wir Überzeugungen und Kompetenzen, die uns Halt und Orientierung geben. Sobald wir uns verloren fühlen oder in einer Sackgasse feststecken, sehnen wir uns nach neuen Perspektiven, Gedanken und Fähigkeiten, um weitergehen zu können.

Wie verlasse ich eingefahrene Denkmuster?

Harald ging täglich an einem mit Efeu zugewachsenen Haus vorbei. Es war ziemlich heruntergekommen, die Lage jedoch traumhaft und die Aussicht atemberaubend. Eines Morgens rief er die Besitzerin an und teilte ihr mit, dass er ihr Haus gerne kaufen wolle. Empört fragte sie, was ihn – einen wildfremden Mann – zu einer solchen Dreistigkeit bewegt habe. Daraufhin erzählte er vom

Besuch seines amerikanischen Schwagers. Dieser habe ihm vor einigen Wochen vorgeworfen, ein Langweiler und Feigling zu sein und sein Leben in viel zu eingefahrenen Bahnen zu leben. Wenn nämlich dieses Haus sein Traumhaus sei, müsste er doch wenigstens mal nachfragen, ob man es kaufen kann.

Harald gestand der Besitzerin, dass er über die Idee seines Schwagers zunächst pikiert gewesen sei, denn eine solche Aufdringlichkeit empfinde er als unanständig. Nun habe er doch allen Mut zusammengenommen und zum Telefonhörer gegriffen. Die beiden wechselten noch einige höfliche Sätze, bevor die Hausbesitzerin schließlich das Gespräch beendete. Drei Tage später rief sie Harald wieder an und teilte ihm mit, dass sie ihm das Haus verkaufen werde. Sie wolle ihn so schnell wie möglich kennenlernen, um alles Notwendige in die Wege zu leiten.

Haralds Mut hat sich gelohnt, für ihn wurde ein Traum wahr. Doch mutig sein konnte er erst, nachdem er seine bisherige Einstellung in Frage stellen konnte: Höfliche Zurückhaltung ist nicht in jedem Fall angemessen, manchmal können oder müssen wir es wagen, uns über Konventionen hinwegzusetzen. Indem wir von Kindesbeinen an lernen, was man tut und was man nicht tut, wird unser Miteinander in wohlgeordnete Bahnen gelenkt. Dieser Rahmen ermöglicht einen respektvollen Umgang miteinander. Aber er wirkt wie eine Art Barriere im Kopf, denn wir bekommen ein schlechtes Gewissen, fühlen uns peinlich berührt oder haben Angst, uns lächerlich zu machen, wenn wir sie überschreiten. Aber Umgangsformen sind für typische, wiederkehrende Situationen gemacht, nie für den Einzelfall. Unter Umständen ist ein solcher Rahmen zu eng.

Das gilt auch für andere Verhaltensregeln. So erzählte Sonja, dass sie trotz Präsenzpflicht an ihrem Arbeitsplatz sich letzten Mittwoch spontan entschieden hatte, zu Hause zu arbeiten. Bis vor kurzem hätte sie es nicht gewagt, die Dienstanweisung in Frage zu stellen. Doch nach einem Blick in den Terminkalender sah sie, dass es sinnvoller war, ungestört zu Hause die angestauten Aufgaben abzuarbeiten. Kurzfristig hatte sie ihren Chef über ihren spontanen Entschluss informiert und sich gewundert, dass er, ohne zu zögern, zustimmte. Diese Option hätte sie schon viel früher nutzen können, aber bislang gar nicht in Erwägung gezogen.

Ein solches Nichterkennen von Möglichkeiten oder Potentialen ist ein weit verbreitetes Phänomen. Es scheint, als ob wir häufig unser Blickfeld unbemerkt verengen und vorhandene Freiräume nicht bemerken. Wir gehen durchs Leben wie auf einer schnurgeraden Straße, schauen nach vorn, ohne die bunten Wiesen rechts oder links zu beachten und ohne die Vielfalt an dort wachsenden Möglichkeiten, die wir pflücken könnten, wahrzunehmen. Aber solange wir sie übersehen, können wir sie nicht nutzen. Manchmal haben wir – wie Sonja – spontane Einfälle oder innere Impulse, die uns zum Schauen verführen, manchmal regen uns Außenstehende mit ihren Erfahrungen und Ideen an, aber auch Bücher oder Filme können die Grenzen unseres bisherigen Phantasieraums aufbrechen und uns auf vorhandene Spielräume hinweisen.

Häufig übersehen wir unsere Freiräume, weil wir zu intensiv darauf achten, was uns fehlt. Wir beklagen dann den Mangel an Zeit, Geld, Einfluss usw. Wir träumen von Optionen, die wir nicht haben, und sind überzeugt, dass wir mit ihrer Hilfe vieles wagen und verwirklichen würden: Wenn wir mehr Zeit hätten, könnten wir unsere Beziehungen oder Interessen intensiver pflegen, im Ruhestand hätten wir endlich die Möglichkeit, bisher Verpasstes nachzuholen, mehr Geld, Macht oder Schönheit würde uns viele verschlossene Türen öffnen. Solange wir über diese konkreten Dinge nicht verfügen, haben wir eine gute Entschuldigung dafür, zögerlich oder träge zu bleiben.

Vielleicht wäre mit solchen Ressourcen tatsächlich einiges zu realisieren, aber manchmal projizieren wir zu viel Positives auf nicht verfügbare äußere Freiräume. So hat in Iwan Gontscharows Roman *Oblomow*[71] der gleichnamige Romanheld alles, was man sich nur wünschen kann, und damit die besten Voraussetzungen für ein gelingendes und erfülltes Leben. Er ist intelligent, talentiert und reich. Trotzdem verfällt er in eine Passivität, aus der ihn nicht einmal die Liebe einer jungen und attraktiven Frau herauszuholen vermag. Und wie er können einige Menschen ihre äußeren Chancen und Möglichkeiten nicht kreativ nutzen, weil sie kein Interesse oder kein Gefühl erleben. Doch darauf kommt es letztlich an.

Freude, Glück und Erfolg sind nicht zwangsläufig an bessere oder optimale äußere Bedingungen geknüpft, sondern sie sind fast überall möglich. Imre Kertész erzählt in seinem *Roman eines Schicksallosen*[72] von einem Ort, wo alle nur Gräuel, aber niemals

Glück vermuten würden. Doch selbst im KZ, bei den Schornsteinen, habe es, so Kertész, in den Pausen zwischen den Qualen etwas gegeben, das dem Glück ähnlich war. Diese Aussage hat viele Menschen empört, denn sie will nicht in ein eindeutiges Konzept von der Welt passen. Doch Imre Kertész hat gewagt, diese Paradoxie, dieses unfassbar verstörende Geheimnis anzusprechen. In eine ähnliche Richtung geht die Erfahrung eines Terroristen. Er erzählte in einem Interview, dass er während einer Inhaftierung in einem ausländischen Gefängnis eines Morgens plötzlich tiefe Freude und inneren Frieden empfunden habe, ohne zu wissen wieso. Beim besten Willen konnte er keinen Grund für diese Gefühle finden, zumal sie überhaupt nicht zu seinen unerträglichen Haftbedingungen passten. Dieses Erlebnis beendete seine terroristische Karriere. Eine radikale Änderung der äußeren gesellschaftlichen und politischen Umstände war für ihn nicht mehr länger der Schlüssel zum menschlichen Glück.

Beschränkte Freiheiten auskosten

Intensiv und gut leben können wir auch mit dem, was vorhanden ist, anstatt dass wir auf das warten, was wir gerne zusätzlich hätten. Mit unseren jeweils begrenzten Möglichkeiten ist mehr möglich, als wir manchmal ahnen. Schicksale von Menschen mit erheblichen Einschränkungen zeigen uns, wie viel Freiheit jeder Einzelne auskosten kann. So hatte Felix Bernhard mit 19 Jahren gerade sein Abitur in der Tasche, als er mit dem Motorrad schwer verunglückte. Seither sitzt er querschnittgelähmt im Rollstuhl. Doch von diesem grausamen Schicksalsschlag hat sich der frühere Leistungssportler nicht entmutigen lassen, sondern beschlossen, sein Leben aktiv und selbstständig zu gestalten. Bereits dreimal hat er mit seinem Rollstuhl den Jakobsweg befahren, dabei Wind, Wetter und Schlamm getrotzt und seine Erfahrungen in einem Buch beschrieben.[73] Sein Handicap hat ihn nicht daran gehindert, die eigenen Grenzen auszuloten. Unsere Beschränkungen nicht größer zu machen, als sie tatsächlich sind, wäre etwas, das wir von ihm lernen können. Auch nicht zu früh sagen: »Das geht doch nicht!«, oder: »Das ist unmöglich!« wäre eine Botschaft. Wir könnten unsere festgefahrenen Überzeugungen in Frage stellen, um ein undenkbares und unkonventionelles Leben zuzulassen – so wie es sich ganz spontan und unkontrolliert ergibt. Doch seine Pläne aufzugeben und die Kontrolle zu verlieren ist für viele Menschen eher ein Albtraum als ein verlockendes Wagnis. Und völlig unvorstellbar und inakzeptabel ist für viele, irgendwann einmal nicht mehr über sich selbst bestimmen zu können oder zu dürfen. Die Angst vor dem Verlust der Autonomie, insbesondere im Alter oder bei schwerer Krankheit, erfüllt viele Menschen. Jean-Dominique Bauby machte seinen gravierenden Autonomieverlust mit dem Buch *Schmetterling und Taucherglocke*[74] öffentlich. Ein Hirninfarkt riss ihn aus seinem bisherigen Leben. Der Chefredakteur der Zeitschrift *Elle* wurde im Alter von 43 Jahren Opfer des sogenannten Locked-in-Syndroms: Sein Bewusstsein blieb erhalten, jedoch war er unfähig, sich durch Sprechen oder Bewegungen spontan verständlich zu machen. Mit seinen zwei Kindern, seiner Frau und seiner übrigen Umgebung konnte er nicht mehr kommunizieren, außer durch Zwinkern mit seinem linken Augenlid. Mit Hilfe einer Logopädin und dem Alphabet in der sogenannten ESA-Form erlernte er eine Kommunikationsstrategie. Im ESA-Alphabet werden die Buchstaben nicht wie gewohnt in der ABC Reihenfolge, sondern nach der Häufigkeit ihres Vorkommens im Französischen sortiert. Wenn nun das Alphabet aufgesagt wurde, stoppte Dominique Bauby durch ein Augenzwinkern und signalisierte so den Buchstaben, den sein gegenüber notieren sollte. Auf diese Weise entstand das Buch *Schmetterling und Taucherglocke.*

Bauby empfand seine Situation als gar nicht so dramatisch, wie wir Außenstehende meinen würden. In seinen Aufzeichnungen beschreibt er Erinnerungen und Träume, aber auch die aktuellen Erlebnisse eines von Kopf bis Fuß Gelähmten bei völlig wachem Geist, oder wie Bauby es nennt: in der Taucherglocke. Das Erstaunlichste ist, dass er sein Leben trotz aller Einschränkung als lebenswert empfindet. Er beobachtet sich selbst und fragt dabei: »Wie geht es dir mein Freund? Dem Freund ist die Kehle zugeschnürt, er hat Sonnenbrand auf den Händen, und sein Steißbein ist vom langen Sitzen im Rollstuhl zu Brei geworden, aber er hatte einen wunderbaren Tag.« Bauby zeigt in seinem Buch, dass Lebensqualität nur durch den Betroffenen selbst und niemals durch andere beurteilt werden kann, denn eine Bewertung von außen legt immer eine fremde Messlatte an. Und auch eigene Maßstäbe können sich ändern. Hätte Bauby vor seiner Erkrankung eine Patientenverfügung verfasst, es wäre unwahrscheinlich, dass darin gestanden hätte: In dem Fall, dass ich nur noch mein linkes Augenlid bewegen kann, möchte ich mit Sondenkost künstlich am Leben erhalten werden.

Dies kann durchaus als Warnung vor einer unreflektierten Patientenverfügung verstanden werden, was natürlich nicht heißt, dass wir angesichts von Baubys außergewöhnlichem Schicksal in Fatalismus verfallen sollen. Es geht lediglich darum, sich einzugestehen, wie riskant es ist, eine gute Entscheidung für das Lebensende zu treffen, ohne am eigenen Leib eine entsprechende Erfahrung gemacht zu haben. Hochbetagte trauen sich manchmal nicht, ihren bereits fünfzig oder sechzig Jahre alten Kindern, das offen einzugestehen. Sie fühlen sich unter Druck gesetzt, weil sie endlich eine Patientenverfügung schreiben sollen. Sie spüren ein Unbehagen, das Sterben zu regeln, obwohl Angehörige und Ärzte meist erleichtert sind, diesbezüglich den letzten Willen zu kennen. Sind diese alten Menschen feige? Drücken sie sich davor, wie vor dem Abfassen eines Testaments, mit dem sie ihr Hab und Gut bewusst nach ihrem Wunsch aufteilen?

Es gibt sicher immer wieder Menschen, die sich die ganz heiklen Fragen so lange wie möglich vom Hals halten, es gibt aber auch Menschen, die sich nicht sicher sind, wann für sie persönlich ein Leben nicht mehr lebenswert sein wird. Vielleicht haben sie schon miterlebt, wie ein Mensch trotz schwerster Einschränkung nicht aufgeben, sondern noch eine Zeit lang weiterleben wollte – ähnlich wie Dominique Bauby. Oder sie haben beim Altwerden entdeckt, dass sie mit den Einschränkungen besser zurechtkommen, als sie es sich in jüngeren und gesunden Tagen ausgemalt haben. Vielleicht erfahren sie dort Lebensqualität, wo Jüngere sie gar nicht vermuten würden. Deshalb urteilen sie aus einer völlig anderen Perspektive als die nachfolgende Generation. Man könnte auch sagen, dass sie andere Projektionen für das Lebensende haben als ihre Kinder, die noch aktiver und mitten im Leben stehen. Und so möchten sich nicht alle Menschen festlegen lassen, die Umstände ihres zukünftigen Todes genauer zu bestimmen. Sie wollen dafür keine Regelung, sondern wagen es, sich dem Unbekannten auszusetzen – in der Hoffnung, dass alle Beteiligten in der Situation spontan nach bestem Wissen und Gewissen entscheiden werden.

Patientenverfügungen sollen vorab in das Unberechenbare Ordnung bringen, sollen Beruhigung und Sicherheit geben.

Manchmal werden diese Ziele erreicht, manchmal aber auch nicht. Wer eine solche Planung aus welchen Überlegungen und Erfahrungen heraus auch immer ganz bewusst nicht in Anspruch nimmt, setzt sich über einen gängigen Trend hinweg – und deshalb ist Mut mit im Spiel. In Sachen Patientenverfügung ist es vor allem der Mut zur Hingabe an den Fluss des Lebens anstatt der Angst vor unerträglicher Ohnmacht die Oberhand zu lassen. Um diesen Schritt zu wagen, ist es notwendig, den aktuellen Lobgesang auf Regelungen und Richtlinien etwas zu relativieren. Wer durch sie keine Geborgenheit erhält, wird kritisches Hinterfragen begrüßen, wer durch sie Halt bekommt, wird sie zu Recht verteidigen.

Perspektivwechsel wagen

Sobald wir bereit sind, unsere Meinungen in Frage zu stellen, sind wir offen für Verunsicherungen. Das kann uns nicht immer gelingen und ist nicht immer angenehm. Aber neue, bisher übersehene Perspektiven können unser Lebensgefühl deutlich verbessern. Äußerlich muss sich dabei nicht immer viel ändern, bereits die neue Bewertung und Einstellung bringen uns weiter nach vorn.

Die 25-jährige Jurastudentin Rebekka leidet daran, dass sich ihre Eltern wieder einmal seit Wochen nicht mehr bei ihr gemeldet haben. Sie kommentiert das sarkastisch: »Wenn ich morgen tot umfalle, erfahren das meine Eltern wahrscheinlich erst aus der Zeitung!« Ihr Kommilitone Moritz beneidet sie offen um solche Eltern. Jeden Sonntagmorgen, pünktlich um 10 Uhr, klingelt bei ihm das Telefon. Seine Mutter will wissen, wie es ihm geht. Das geht ihm ziemlich auf die Nerven und bisher scheiterten alle Versuche, ihr dieses Verhalten abzugewöhnen. Doch was Rebekkas Gefühle verletzt, wünscht Moritz sich sehnlich herbei. Und das ist nicht selten so. Was dem einen wertvoll ist, erlebt ein anderer als unangenehm.

Rebekka und Moritz überlegen lachend, wie toll ein Elterntausch wäre. Sie sehen, dass ihre Erfahrungen aus verschiedenen Blickwinkeln betrachtet werden können. Rebekka wird zwar selten angerufen, kann aber jederzeit zum Hörer greifen. Und neben der früheren Trauer und Wut auf die Eltern spürt sie erstmals auch eine angenehme Freiheit. Sie kann nämlich selbst entscheiden, wann ihr nach Kontakt zumute ist. Und sie ist sich nicht mehr sicher, ob wirklich – wie sie bislang vermutete – Desinteresse hinter dem Verhalten ihrer Eltern steckt. Sie hatte verdrängt, dass sie immer auf ein offenes Ohr trifft, sobald sie sich zu Hause meldet. Einen regelmäßigen Anruf, wie Moritz ihn Sonntag für Sonntag ertragen muss, würde sie auf keinen Fall wollen. Solche Pflichtanrufe wären ihr unangenehm, da ist es vielleicht doch besser, selbst aktiv werden zu müssen. Diese neue, positive Sichtweise gelingt ihr, weil sie ihre Bedürftigkeit und ihr Selbstmitleid aufgeben kann. Sie gelingt ihr auch, weil sie nicht auf ihrer einseitigen Einschätzung beharrt, sondern akzeptiert, dass jede sogenannte Wahrheit bestenfalls nur eine Halbwahrheit ist. Diese kritische Einstellung hat der niederländische Philosoph Eduard Dekker, Pseudonym Multatuli, so formuliert: »Nichts ist ganz wahr. Und auch das ist nicht ganz wahr.« Eine solche Relativität kratzt an unseren festen Glaubenssätzen und verkompliziert das Leben. Doch sie bietet auch die Chance, gängige Vorgaben und Urteile zu überwinden, und ermöglicht ein freieres und individuelleres Dasein – gegen den Trend.

Dies wird auch bei der üblichen Beurteilung der Wechseljahre deutlich. Frauen im Klimakterium werden häufig als Opfer der Hormone wahrgenommen, die unangenehmen Begleiterscheinungen wie Hitzewallungen, Konzentrationsproblemen oder nachlassender Vitalität ausgeliefert sind. Doch ganz im Gegensatz dazu bedauert Sonja, die Wechseljahre hinter sich zu haben. Sie, die ihr Leben lang verfroren war, erlebt nun, wie Hitzewallungen sie von unten nach oben angenehm wärmen. Sonja ist kein Vorbild für Frauen mit Beschwerden. Frauen, die in dieser Lebensphase körperlich oder seelisch leiden, brauchen Linderung. Es wäre unangemessen, wenn diesen Frauen gesagt würde, sie sollten ihre Beschwerden irgendwie positiv umdeuten. Aber Sonja kann uns ermutigen, offen zu werden für unkonventionelle Perspektiven. Ganz anders als sie leidet ihre Freundin Cornelia an Hitzewallungen und Heißhungerattacken. Nachdem Hormone und Ersatzpräparate nicht viel bewirkten, kauft sie sich eine Halskette. Die grünen Jadesteine sollen helfen. Tun sie aber nicht. Enttäuscht klagt Cornelia darüber bei ihrer 85-jährigen Nachbarin. Die kommentiert spontan: »Wissen Sie, die Wechseljahrsbeschwerden gehen vorbei, aber diese wunderschöne Kette bleibt Ihnen!« Die Nachbarin hat die ausbleibende Wirkung der Steine nicht geleugnet, sondern durch einen weiteren Gedanken ergänzt. Das eine stimmt, das andere aber auch. Wert und Unwert – beides kann nah beieinander liegen und muss sich nicht ausschließen. Wenn wir das berücksichtigen, können wir uns gegenseitige Enttäuschungen ersparen – besonders wenn wir jemandem eine Freude bereiten wollen.

Als beispielsweise Linda ihren Partner Lorenz zum runden Geburtstag mit einer Party überraschen wollte, ging das völlig daneben. Sie hatte heimlich viele Gäste eingeladen und ein buntes Programm organisiert. Als Lorenz kurz vor Beginn des Festes von dem Ganzen Wind bekam, wurde ihm so schlecht, dass er sich ins Bett legen musste. Nur wenige würden mit derart heftigen körperlichen Symptomen reagieren. Andere, die ähnlich empfinden, versuchen, sich irgendwie über den Abend zu retten. Doch auch sie können das Fest nicht genießen, sondern wären froh, sich davonstehlen zu können. Linda schüttelt darüber nur den Kopf, in ihren Augen ist ein solches Verhalten nicht normal. Sie selbst fühlt sich unter vielen Menschen sehr wohl, genießt das Zusammensein mit ihnen und weiß, dass sie sich beim Alleinsein rasch langweilt und auf trübsinnige Gedanken kommt. Im Gegensatz zu ihr verbringt Lorenz gerne viel Zeit allein und sträubt sich gegen zu viel Geselligkeit. Aber läuft er nicht Gefahr, als kauziger Eigenbrödler zu enden? Welche Haltung ist gesund und welche ungesund?

Die etwas schablonenhafte Beschreibung zeigt zwei Menschen unterschiedlicher Einstellungstypologie[75]: auf der einen Seite den introvertierten Lorenz und auf der anderen Seite seine extravertierte Partnerin. Introvertierte Menschen haben wie Lorenz rasch das Gefühl, von äußeren Eindrücken überfordert, überflutet oder überwältigt zu werden. Deshalb ziehen sie sich gerne von der äußeren Welt zurück, auf diese Weise können sie sich ein Stück weit vor ihr schützen und sich selbst besser spüren und erleben. Alleinsein erleben sie nicht als Verlassenheit oder Einsamkeit, sondern als überwiegend wohltuend. Es lässt ihnen Zeit und Raum für die Beschäftigung mit ihrer Innenwelt und ihren persönlichen Interessen. Für sie kann der Ausspruch gelten: »Stille Wasser gründen tief.« Auf andere wirken sie manchmal schwer zugänglich, kühl, reserviert oder scheu. Doch hinter ihrer Verschlossenheit kann auch etwas Geheimnisvolles und Faszinierendes durchscheinen, insbesondere für extravertierte Menschen mit ihrem offenen, der Welt zugewandten Wesen. Anziehend wirkt das verborgene Innenleben, das Extravertierten sonst eher suspekt erscheint.

In der Regel haben Extravertierte und Introvertierte unterschiedliche Maßstäbe und Bedürfnisse; was für den einen wertvoll ist, hält der andere für wertlos. Die Schwäche des einen ist die Stärke des anderen. Was der eine pflegt, gut beherrscht oder vielleicht sogar übertreibt, ist bei dem anderen zu wenig entwickelt oder vernachlässigt. Wenn der Extravertierte ausgehen will, betont der Introvertierte, wie schön es zu Hause ist, und wenn der Introvertierte eine Einladung absagen möchte, klagt der Extravertierte, dass man diese interessanten Leute auf keinen Fall verpassen sollte. Man kann sich viele Beispiele vorstellen, wo jemand versucht, seine Position durchzudrücken, indem er seinem Gegensatztyp subtil ein schlechtes Gewissen macht oder ihm seine Absicht unterschwellig vergällt und madig macht. Doch der Konflikt zwischen Extraversion und Introversion ist nicht dadurch zu lösen, dass man einseitig Partei ergreift. Viel eher braucht es den Mut, sich selbst, aber auch dem anderen das jeweils eigene Bedürfnis zu gönnen. Erst der Unterschied fordert unsere Fähigkeit zur Toleranz heraus, die uns selten leicht gelingt. Unsere Vorurteile sind immer wieder Stolpersteine, die tolerante Einstellungen behindern.

Wie Helfer und Vorbilder uns ermutigen können

Nachdem Barack Obama zum amerikanischen Präsidenten gewählt worden war, konnte man beobachten, dass in den USA viele dunkelhäutige Kinder bessere schulische Leistungen nach Hause brachten. Sie strengten sich an, arbeiteten hart, weil sie sich mit ihrem schwarzen Präsidenten identifizieren konnten. Wenn ihm als Afroamerikaner eine solche Karriere möglich war, müsste es möglich sein, dass auch sie in späteren Jahren erfolgreich sind. Sein »Yes, we can« berührte ihre Herzen, schenkte ihnen Hoffnung, Mut und Motivation.

Aber nicht nur charismatische Führer können uns tief beeindrucken; mutmachendes Vorbild kann jeder Mensch werden. Unscheinbare, alltägliche oder fast banal wirkende Begegnungen können wie ein Blitz einschlagen, uns beleben und ermutigen. So beschreibt eine Frau, wie ihr der Leserbrief eines Unbekannten plötzlich Mut machte, ihre alte Furcht zu überwinden und das Vergessenwollen aufzugeben. Nicht länger wollte sie verdrängen, wie sie als Kind einem Angst einflößenden, lieblosen Pfarrer in einer kleinen Bodenseegemeinde ausgesetzt war.[76] Jahrzehntelang hatte er seine Schüler im Religionsunterricht so lange an den Ohren gezogen, bis sie einrissen, und das nur, weil man beim Aufsagen stecken blieb. Und immer war lautes Weinen verboten. Damals traute sich niemand, dieser kirchlichen Obrigkeit ins Gewissen zu reden oder sich an höherer Stelle zu beschweren. Doch die Zeit des Fatalismus, Gehorsams und Schweigens war für diese Frau nach Lesen des Briefes vorbei. Sie traute sich, den greisen Pfarrer aufzusuchen und endlich zur Rede zu stellen.

Ein ähnliches Phänomen war nach Robert Enkes Selbstmord zu beobachten. Nachdem die Depressionen des erfolgreichen Nationaltorwarts öffentlich geworden waren, wagten mehr Menschen, sich offen zu dieser Erkrankung zu bekennen und Hilfe in Anspruch zu nehmen.[77]

Wir sehen: Mut ist ansteckend. Seelische Ansteckung ist generell nichts Ungewöhnliches. Wer schon einmal in guter, ausgelassener Stimmung einen sehr gereizten oder deprimierten Menschen besucht, kennt das Phänomen, dass sich das eigene gute Gefühl höchstwahrscheinlich rasch verschlechtert. Man fühlt sich blockiert oder irgendwie unwohl. Aber auch die umgekehrte Erfahrung ist möglich: Wenn man sich bedrückt fühlt und zu einer Gruppe stößt, in der gerade eine harmonische und freudvolle Atmosphäre herrscht, kann das auf einen überspringen. Die Stimmung wird gelöster – wenn auch nur für eine kurze Weile.

Auf diese Weise beeinflussen wir uns ständig gegenseitig, mehr oder weniger subtil, und können durch gute Begegnungen und Beziehungen immer wieder mit unseren eigenen Potentialen in Berührung kommen, sie entfalten und mutiger vorwärtsgehen. Je präsenter und langfristiger uns ein Mensch umgibt, desto mehr wird er uns beeinflussen und als Idol und Vorbild wirken – im guten oder schlechten Sinn. Überall und ständig sind wir von Vorbildern umgeben, und zwar ab der frühesten Kindheit. Nicht berühmte Persönlichkeiten, sondern unsere ersten Bezugspersonen, also vor allem unsere Eltern, regen uns durch ihre Wesensart und ihr Verhalten an, innere Bilder abzuspeichern, die verdeutlichen: So kann man sein, so kann es gehen. Dabei ist uns überwiegend nicht bewusst, was wir von wem in uns aufnehmen und verinnerlichen.

Nutzen Sie die Kraft Ihrer inneren Helfer

Wieso manches in uns eine Resonanz bewirkt und wieso wir uns damit identifizieren können, bleibt überwiegend im Dunkeln. Es ist, als ob Samenkörner auf unseren inneren Boden fallen: Manche wachsen, andere verkümmern. Vorbilder, mit denen wir uns identifizieren können, werden zu Persönlichkeitsfacetten, die mehr oder weniger verborgen in uns wirken. Wir könnten ihnen Namen geben, sie beispielsweise nach den Menschen benennen, die uns erheblich geprägt haben und von denen gesagt wird, dass wir ihnen ähneln: Vielleicht lebt in uns ein Stück weit Onkel Kurt, Tante Martha oder Opa Fred. Sobald wir ratlos vor einer schwierigen Hürde stehen, könnten wir in uns hineinhorchen und fragen, mit welchen Strategien diese Menschen die Lage beherzt anpacken würden. Durch ein solches Gedankenspiel verknüpfen wir die äußere mit unserer inneren Welt. Bei einem Gang durch unsere innere Landschaft versuchen wir, Bilder von inneren Helfern und Helferinnen aufzuspüren und als Ressourcen für reale Anforderungen zu mobilisieren.

Es ist aber weder immer möglich noch notwendig, solche hilfreichen Persönlichkeitsanteile realen Personen zuzuordnen. Auch in unserer Psyche wirken hilfreiche Kräfte, die allen Menschen mehr oder weniger zugänglich sind. Es handelt sich um allgemein menschliche psychische Energien, die im kollektiven Unbewussten gespeichert sind und in sogenannten archetypischen Bildern und Symbolen in Erscheinung treten und ihre Wirkkraft entfalten können, etwa im Urbild der alten Weisen oder des alten Weisen. Wir können mit dieser Weisheit in uns, aber auch mit dem Urbild des gütigen Vaters oder der fürsorglichen Mutter in Kontakt kommen und uns von diesen archetypischen Kräften helfen lassen. Unsere inneren Helfer sind aber nicht nur auf menschliche Gestalten beschränkt: Manchmal gibt es in uns die Schläue eines Fuchses, den sprichwörtlichen Fleiß der Bienen, die Treue eines Hundes oder den scharfen Adlerblick, auf die wir zugreifen können.

Derartige hilfreiche Kräfte und Persönlichkeitsfacetten nehmen wir manchmal intuitiv wahr, sie können uns aber auch in Phantasien, Imaginationen oder Träumen begegnen. So hat Klara geträumt, dass sie als Beifahrerin in ihrem Auto sitzt; am Steuer sitzt ein fremder Mann. Ihr Blick fällt auf einen kleinen Bach, der sich plötzlich in einen reißenden Fluss verwandelt. Das Wasser steigt schnell und tritt über die Ufer. Die Lage wird gefährlich. Da fährt der Fremde los und steuert ihr Auto umsichtig, aber schnell rückwärts einen Berg hoch. Aus sicherer Distanz beobachten beide das steigende Wasser.

In der Realität hat Klara oft das Gefühl, ganz allein zurechtkommen zu müssen. Unabhängig, stark und tapfer sein, ist ihre Devise. Doch derzeit hat sie Mühe, die Fassung zu bewahren. Kurz nach einer Trennung fühlt sie sich häufig traurig und wird von Tränen überwältigt, die sie kaum stoppen kann. Ihr Erstaunen ist groß, als sie im Traum den Fluten nicht allein gegenübersteht, sondern ein fremder Mann sie kompetent und umsichtig aus der gefährlichen Situation herausführt. Klara ist sich sicher, dass er sie vor dem Ertrinken rettet. In ihr gibt es also einen tatkräftigen männlichen Anteil, der ihr eine sichere Distanz vor überwältigenden Affekten ermöglicht. Als fürsorglicher Helfer verschont er sie aber nicht vor dem Anblick der Gefahr. Er ermöglicht ihr das Überleben und gleichzeitig eine bewusste Auseinandersetzung mit ihrer Trauer. Diese Kombination aus Distanz und Bewusstheit ist der Schlüssel. Klara kann, sobald die Tränen sie überschwemmen wollen, ihre Gefühle anschauen, versuchen, sie in Worte zu fassen, oder mit Farben auf ein Blatt Papier malen. Dadurch werden ihre Gefühle zu einem realen Gegenüber, mit dem sie in Beziehung und in Dialog treten kann, gleichzeitig schafft sie Abstand und wird ruhiger und gefasster. So verweist ihr Traumbild auf eine Hilfe, die sie ganz konkret in das alltägliche Leben einfließen lassen kann: Immer, wenn sie sich überwältigt fühlt, vergegenwärtigt sie sich ihren Traum-Mann.

Innere Helfer können wir auch durch das I Ging aufspüren. Dieses jahrtausendealte chinesische Werk genießt den Ruf, eines der bedeutendsten Weisheitsbücher der Welt zu sein.[78] Das sogenannte »Buch der Wandlungen« enthält 64 Zeichen, die aus jeweils sechs waagerechten durchgezogenen und durchbrochenen Linien bestehen, die zu Orakelzwecken benutzt werden. Doch im Vordergrund steht nicht die Wahrsagefrage: »Was soll ich tun?«, sondern: »Wie wird sich mein beabsichtigtes Tun auswirken?« Die 64 Zeichen beschreiben nämlich nicht einfach, wie die Dinge sind, sondern in welche Richtung sie tendieren und wohin sie sich verändern wollen.

Wer die Keime dieser vorhersehbaren Wandlung frühzeitig erkennt, hat noch die Möglichkeit, sein Schicksal aktiv mitzugestalten, denn solange die Dinge im Entstehen sind, können sie noch relativ leicht beeinflusst werden. Es geht also im I Ging nicht um Wahrsagerei, die uns ein übermächtiges Schicksal enthüllt, das wir passiv zu erwarten und zu ertragen hätten, sondern um die Fähigkeit, im fraglichen Moment weise zu entscheiden und zu handeln. Hintergrund ist das Konzept, dass alles, was in der Welt konkret und sichtbar geschieht, die Auswirkung eines »Bildes« oder einer »Idee« in der verborgenen unsichtbaren Welt ist. Und diese unsichtbaren Bilder sind in den 64 Zeichen beschrieben und können bis heute als Vorbilder für Entscheidungen und Handlungen dienen. Das wird dadurch erleichtert, dass die Bilder durch Urteilssprüche ergänzt sind, die Hinweise geben, ob eine geplante Handlung günstig oder eher unvorteilhaft ist und deshalb bereut werden könnte.

Auch Gerhard nutzt das I Ging regelmäßig als Orakel.[79] Er hat sich um eine neue Stelle beworben. Ein Karrieresprung und interessante Aufgaben warten auf ihn. Nach dem ersten Vorstellungsgespräch ist er allerdings nicht mehr sicher, ob diese Neuorientierung für ihn wirklich in Frage bekommt. Als er dazu das I Ging befragt, erhält er das Zeichen Nummer 60: »Die Beschränkung«. Das ursprüngliche Bild dieses Zeichens ist der Bambus. Bei einem Bambusstängel gibt es regelmäßig wiederkehrende Verdickungen. Nach einer Phase des Wachstums dehnt sich die Pflanze zunächst nicht weiter nach oben aus, sondern verharrt und entwickelt dabei knotenartige, dichtere Stellen. Dadurch knickt die Pflanze nicht ein, sondern erwirbt sich ihre Stabilität, um anschließend weiter aufrecht himmelwärts zu wachsen. Auf ein menschliches Leben übertragen, symbolisiert dieses Bild, dass es nach Phasen des Wachstums und der Expansion notwendig wird, das Wachsen in die Höhe für eine gewisse Zeit einzustellen. Erst sollte die Persönlichkeit gefestigt werden, sie muss sich vertiefen und konsolidieren. Erst danach ist es möglich, wieder zu wachsen und sich weiter zu entfalten.

Auf diesen sinnvollen Zyklus von Wachstum und Innehalten verweist das Bild des Bambus. Das Streben nach vorwärts und nach oben wechselt sich rhythmisch ab mit der seelischen Verfestigung des Erreichten. Doch was ist im jeweiligen Moment für den einzelnen Menschen angesagt? Expansion oder Beschränkung? Dies kann das I Ging andeuten. Gerhard ist durch das Zeichen

Nr. 60 bewusst geworden, dass Beschränkungen immer dann wertvoll sind, wenn eine Verausgabung und Erschöpfung der Kräfte drohen. Unter diesen Umständen muss eine Selbstbeschränkung nicht bereut, sondern kann letztlich zufrieden akzeptiert werden. Dieses Bild hat in Gerhard eine Resonanz ausgelöst. Er spürt, dass der richtige Zeitpunkt für einen weiteren äußeren Schritt auf der Karriereleiter noch nicht gekommen ist, und zieht seine Bewerbung ohne zu hadern zurück.

Manche Menschen bekommen einen Zugang zu ihren inneren Helfern, wenn diese konkret greifbar werden. Sobald sie sie sichtbar und betastbar vor sich haben, stellt sich bei ihnen ein Gefühl ein, dass diese hilfreichen Kräfte auch wirklich sind und Wirkkraft haben. Instinktiv gestalten einige einen individuellen Talisman, der eine Art Kraft repräsentiert und sie stärken soll. So hat sich Lisa vor einem unangenehmen Gespräch mit einem Zettel »bewaffnet«. Schwarz auf weiß liegen drei Merksätze und das Zitat eines berühmten Schriftstellers in ihrer Handtasche. Obwohl Lisa keine der aufgeschriebenen Formulierungen in das Gespräch einfließen lassen kann, ist sie sehr froh über ihren Zettel. Er verbindet sie mit ihrer geistigen Schärfe und Kraft. Und dies mit sich zu tragen, hilft ihr, auch in schwierigen Situationen auf ihre Kompetenz zu vertrauen.

Andere Menschen wählen ein individuelles Bild, Foto oder auch einen kleinen Gegenstand, um ihr eigenes inneres Potential besser spüren und umsetzen zu können. Wer Sehnsucht nach dieser Art von Hilfe spürt, aber kein persönliches Symbol findet, kann sich im reichhaltigen Angebot kollektiver Glückssymbole und Gegenstände bedienen. In unserem Kulturkreis soll das Schwein, das vierblättrige Kleeblatt oder der Schornsteinfeger Glück bringen.

Mutige Schritte mit tatkräftiger Unterstützung meistern

Manchmal kann erst das Zusammenspiel zwischen unseren inneren Ressourcen und der Förderung von außen einen mutigen Sprung ins kalte Wasser ermöglichen. Wir sollten uns nicht scheuen, konkrete Unterstützung von Menschen, finanzielle oder andere Hilfe in Anspruch zu nehmen. Für Gertrud etwa war es vor etwa dreißig Jahren als junge Frau zunächst völlig undenkbar, ein Vorstellungsgespräch in einer fremden Großstadt wahrzunehmen. Weit weg von zu Hause wähnte sie sich verloren, verunsichert und überfordert. Gewagt hat sie es erst, nachdem ihre Freundin sich spontan bereit erklärte mitzufahren. Auf einmal war alles nur noch halb so schlimm. Bis heute ist sie sicher: Die Anwesenheit ihrer Freundin hat ihr den notwendigen Rückhalt gegeben. Dazu kam auch noch das gute Gefühl, dass es jemanden gab, dem sie diesen erheblichen Einsatz wert war. Am Ende hat sie die Stelle bekommen und sogar noch ein ordentliches Honorar ausgehandelt.

Wo eine solche individuelle Unterstützung fehlt, springen manchmal staatliche oder institutionelle Hilfen ein. Da Kinder laut der Hamburger Wirtschaftsprofessorin Sonja Bischoff auch heute noch der »Karrierekiller Nummer eins« sind,[80] kann praktische Hilfe für die Eltern, insbesondere für die Mutter, ein mutiges Ja zu einem Kind deutlich erleichtern. Gerade wissenschaftlich interessierte junge Frauen wagen oft nicht, ihren Kinderwunsch zu verwirklichen, weil sie nun einmal keine zwei flexiblen Omas vor Ort haben, die ihnen den notwendigen zeitlichen Freiraum garantieren, während sie promovieren oder habilitieren. Das Land Baden-Württemberg fördert mittlerweile solche Nachwuchswissenschaftlerinnen durch Stipendien, die unter dem Motto »Wo ein Kind ist, ist auch ein Weg« stehen. Das Wissenschaftsministerium in Baden-Württemberg installierte 2008 das mit jährlich gut einer Million ausgestatte »Schlieben-Lange-Programm« für Nachwuchswissenschaftlerinnen mit Kind. Es ist benannt nach Brigitte Schlieben-Lange (1943–2000), die als Mutter von vier Kindern einen Sprachwissenschaftslehrstuhl an der Uni Tübingen innehatte. Sie ist Vorbild für all jene, die wissenschaftliche Karriere und Familie unter einen Hut bringen möchten. Gelingen kann das nur durch Mithilfe anderer Menschen und gewisser finanzieller Freiräume. Im Rahmen des »Schlieben-Lange-Programms« werden zwei Jahre lang für eine Promotion 1200 Euro monatlich, für eine Habilitation 2400 Euro monatlich vergeben. 76 Promotions- und 21 Habilitationsvorhaben wurden bereits unterstützt.

Mit dem notwendigen Geld für eine gute Kinderbetreuung kann eine Universitätskarriere oder eine andere berufliche Karriere leichter realisiert werden. Das Thema »Mut zum Kind« wird allerdings nicht erst angesichts der Frage einer Vereinbarkeit von Beruf und Muttersein virulent, sondern spätestens dann, wenn es darum geht, im Rahmen der Schwangerschaft medizinische Maßnahmen in Anspruch zu nehmen oder eben nicht. Hat eine Frau Angst vor einem behinderten Kind und stimmt deshalb einer Fruchtwasseruntersuchung zu? Oder will sie das nicht und vertraut mutig auf das Schicksal? Welcher Schritt verlangt mehr Mut? Und wie ist es mit der Geburt? Ist eine Frau, die ihr Kind zu Hause entbinden will, etwa zu waghalsig? In Deutschland ist eine Entbindung im Krankenhaus mittlerweile zu einer Selbstverständlichkeit geworden, nicht nur bei Risikoschwangerschaften, sondern auch bei unkomplizierten Spontangeburten.

Die Klinik bietet den Vorteil, für potentielle, nicht vorhersehbare Notfälle gerüstet zu sein. Vor dem medizinischen Fortschritt mussten Frauen jahrmillionenlang mit ihren Hebammen auf ihr eigenes Wissen, die Natur und Gott vertrauen. Das ist dank der Entwicklungen in der Medizin weitgehend überholt. Doch nicht nur in früheren Epochen, sondern bis heute ist die erste Geburt für eine Frau immer eine ganz neue, noch nie da gewesene Erfahrung. Zu einem unbekannten Zeitpunkt setzen spontan die Wehen ein – nie ohne Risiko und Gefahr. Die Gebärende erlebt einerseits Schmerz und Ohnmacht, andererseits hilft sie aktiv mit und fühlt sich nach einer unkompliziert verlaufenden Geburt glücklich und stolz. Sie hat ihre Kraft bewiesen.

Noch Anfang der 60er-Jahre war das Gebären im Krankenhaus für viele Frauen in den ländlichen Gegenden Süddeutschlands etwas ganz Neues. Sie gingen zur Geburt in die Klinik, nicht weil eine Komplikation zu erwarten gewesen wäre, sondern weil es eben üblich wurde. Die Anwesenheit eines – auch noch in der Regel männlichen – Arztes bei der Geburt verunsicherte manchmal ihr Selbstwertgefühl, weil sie nicht mehr sicher waren, ob sie ohne seine Unterstützung zum Gebären in der Lage gewesen wären. Sie spürten instinktiv, dass ein Teil der Naturgewalt, aber auch ihrer weiblichen Schöpferinnenkraft und Souveränität auf den Arzt und die medizinische Technik übertragen worden war, wodurch sie sich bei der Geburt passiver und manchmal inkompetenter als bei einer Geburt zu Hause erlebten. Über ihre Verunsicherung wagten viele Frauen nicht zu sprechen – zum einen, weil sie die ärztliche Autorität nicht zu kritisieren wagten, und zum anderen, weil sie nicht als undankbar gelten wollten.

Heute hat sich die Situation der Frauen erneut verändert: Immer mehr Frauen vermeiden Spontangeburten und entscheiden sich für einen Kaiserschnitt. So kam im Jahr 2007 in Deutschland etwa jedes dritte Kind per Kaiserschnitt zur Welt, und diese Rate ist zehnmal so hoch wie siebzig Jahre zuvor, wobei die WHO davon ausgeht, dass bei nur etwa der Hälfte der Fälle eine Geburt per Skalpell tatsächlich notwendig gewesen wäre. Jeder zweite Kaiserschnitt erfolgt somit ohne dringende medizinische Begründung. Was könnten die Hintergründe dafür sein? Ist es möglich, dass die Vorstellung von schmerzhaften Wehen Verunsicherung oder Angst bei Schwangeren auslöst? Eventuell eine Angst, den Schmerzen nicht gewachsen und überfordert zu sein? Ängste vor der Geburt hat es sicher zu allen Zeiten gegeben, aber sie haben wohl trotz der medizinischen Technik nicht abgenommen, sondern sind heute sogar im Zunehmen begriffen. Und wenn heute dank Kaiserschnitt das Angebot besteht, Wehenschmerzen und die Angst davor vermeiden zu können, ist das ein verlockendes Angebot, zumal keine Frau vor der Geburt weiß, wie stark die Wehen sein und wie viel Kraft und Ausdauer ihr zur Verfügung stehen werden.

Ein Kaiserschnitt ermöglicht nicht nur eine Optimierung vorhandener ärztlicher und technischer Ressourcen, sondern ist in der Regel für alle Beteiligten planbar und kontrollierbar. Überraschendes und Unberechenbares kann im Vergleich zur Spontangeburt besser vermieden werden. Aber auch das Stöhnen und Schreien aufgrund der Wehenschmerzen verstummen unter der Narkose, die bei einem Kaiserschnitt verabreicht wird. Man könnte den Kaiserschnitt als geradezu diskretes Ereignis charakterisieren, da eine »Belästigung« durch heftige Emotionen bei der Geburt nicht mehr vorkommen kann. So wird der eigentliche Geburtsvorgang für die Gebärende zu einem nicht mehr spürbaren Vorgang. Bewusstlos ist sie von jeglicher sinnlicher und emotionaler Erfahrung abgeschnitten – und völlig passiv.

Vielleicht haben manche Frauen nach einem Kaiserschnitt ein ungutes Gefühl und fühlen sich irgendwie nicht ganz vollwertig, weil ihnen der Wehenschmerz zwar erspart, aber gleichzeitig die Erfahrung ihrer Stärke vorenthalten wurde. Und umgekehrt proportional zu einer wachsenden medizinischen Sicherheit werden wahrscheinlich die psychologische Unsicherheit von Schwangeren in Zukunft weiter steigen und das Bedürfnis nach einem Kaiserschnitt ansteigen. Je mehr Frauen sich für eine Sectio entscheiden, desto alltäglicher und akzeptierter wird diese Entbindungsmethode werden. Wenn der Kaiserschnitt schließlich zur Normalität wird, können Frauen unangenehme Gefühle, Zweifel oder den Wunsch nach einer Spontangeburt leichter per Rationalisierung abwehren.

Was können Frauen tun, die aus medizinischer Sicht spontan gebären können, sich das aber nicht zutrauen? Eine Möglichkeit wäre, sich Hilfe und Ermutigung bei Freunden, Partnern oder Familienmitgliedern zu holen. Wenn dies nicht infrage kommt, dann könnten sie auch sogenannte Doulas[81] um Unterstützung bitten. Das altgriechische Wort »Doula« bedeutet »Dienerin der Frau«. Die Tradition dieser professionellen Geburtsbegleitung reicht viele tausende Jahre zurück. Doulas können unerfahrenen oder ängstlichen Frauen zur Seite zu stehen, weil sie aus eigener Erfahrung wissen, was es bedeutet zu gebären. Die selbst durchlebten seelischen und körperlichen Erfahrungen bei einer Geburt sind das Fundament ihrer Kompetenz. Doch während das Berufsbild der Doula in Deutschland kaum bekannt ist, erlebt es in Amerika eine Renaissance. Das ist nicht verwunderlich, denn dort praktizieren deutlich weniger Hebammen als bei uns.[82]

Die Begleitung durch eine Doula kostet in der Regel derzeit zwischen 400 bis 500 Euro. Dafür ist eine Doula einige Tage vor und nach dem errechneten Geburtstermin rund um die Uhr erreichbar und in ihrer Verfügbarkeit nicht an Schicht- und Dienstpläne gebunden. Dass Doulas in Krankenhäusern nicht immer gern gesehen werden, verwundert nicht. Doulas dringen in die Domäne von Hebammen ein und machen ihnen Konkurrenz, ohne letztlich Verantwortung für die Geburt tragen zu müssen.

Studien belegen jedoch die günstigen Effekte einer solchen psychosozialen Begleitung: Gebärende benötigen weniger Schmerzmittel, die Geburtsdauer verkürzt sich im Schnitt um ein Viertel und Kaiserschnitte werden seltener durchgeführt. Diese Ergebnisse sind kaum verwunderlich. Je mehr sich nämlich eine Gebärende entspannen kann, umso mehr werden in ihrem Körper die Hormone Serotonin und Oxytocin ausgeschüttet. Während Serotonin das Schmerzempfinden verringert, verstärkt Oxytocin die Wehentätigkeit und treibt somit die Geburt voran. Beides ist günstig für Mutter und Kind.

Die Doula kann also helfen, mit der eigenen Kraft wieder besser verbunden zu werden, und ermutigen, die Geburt wach und bewusst zu erleben – sofern keine medizinischen Probleme dagegensprechen.

Wichtig kann die Unterstützung einer Doula auch werden, wenn Frauen ihre Vorstellung über den Geburtsverlauf zunächst nicht aufgeben wollen, obwohl unvorhersehbare medizinische Komplikationen einen Eingriff wie beispielsweise eine Periduralanästhesie oder einen Dammschnitt nötig machen. Die Doula hat einerseits das nötige medizinische Wissen, um die Schwangere kompetent zu beraten. Und sie strahlt andererseits Ruhe und Klarheit aus, die nötig sind, um der Schwangeren eine gute Entscheidung zu ermöglichen.

Aber auch für Menschen, die keine leiblichen Kinder zur Welt bringen, ist das Thema Geburt relevant. Jeder erlebt innerhalb seines Lebens immer wieder symbolische Geburten. Sobald wir etwas ausbrüten, sobald etwas Neues entstehen und durchbrechen will – beispielsweise in Form einer schöpferischen Arbeit –, geht es im übertragenen Sinne um ein Gebären. Viele kreativ arbeitende Menschen und Künstler wissen, wie viele Zweifel oder innere Ängste dabei zu ertragen sind, bevor ein Werk zur Welt kommen kann. Und auch bei einem radikalen Neuanfang im Leben sind uns Ängste nicht fremd. Da wir nicht immer wissen, wie und ob wir das bewältigen können, sollten wir darauf achten, unsere inneren oder äußeren Helfer zu mobilisieren.

Übung: Wo finde ich die passende Unterstützung?

Nachdenken über Idole und Vorbilder

Nennen Sie drei positive Vorbilder. Was charakterisiert sie? Kennen Sie Menschen, die Ihre Vorbilder ablehnen oder verachten? Können Sie das nachvollziehen?

Kennen Sie auch »negative« Vorbilder? Sind unter ihnen auch Verwandte, denen Sie auf keinen Fall ähnlich werden wollen? Kennen Sie Menschen, die Ihre »negativen« Vorbilder bewundern oder ihnen nacheifern? Können Sie das verstehen?

Den Denkhorizont erweitern

Aggression, Ungeduld, Schüchternheit – versuchen Sie, die positiven Qualitäten dieser Eigenschaften zu entdecken.

Kennen Sie weitere sogenannte negative Charaktereigenschaften? Versuchen Sie auch hier, positive Facetten zu finden. Tauschen Sie sich mit anderen über Ihre Ideen aus.

Suchen Sie weitere Verhaltensweisen, die Sie ablehnen oder als unmoralisch verwerfen. Gibt es Umstände, wo dieses Verhalten wertvoll sein könnte?

Begleitung bei Sterben und Tod

Lesen Sie regelmäßig Todesanzeigen? Wenn ja, was berührt Sie und welche Relevanz hat das für Sie persönlich?

Haben Sie schon einmal einen sterbenden Menschen erlebt? War das verstörend oder hilfreich? Inwiefern?

Vertrauen und Geborgenheit

Auf wen und auf was können Sie sich mit hoher Wahrscheinlichkeit verlassen? Was davon betrifft Sie selbst, was andere Menschen und was äußere Lebensbedingungen? Sind dieser Halt und diese Unterstützung für Sie ausreichend?

Wenn nicht, was fehlt Ihnen am meisten: innere oder äußere Hilfe? Was muss geschehen, damit Sie bekommen, was Sie brauchen?

Von der Schwierigkeit, etwas zu fordern, oder: Vorbild Katze

Haben Sie Mühe, etwas für sich zu fordern oder etwas anzunehmen? Falls das auf Sie zutrifft: Mögen Sie Katzen? Warum? Oder warum nicht? Beobachten Sie die Verhaltensweisen von Katzen: Wenn Katzen etwas fressen oder gestreichelt werden wollen, kommen sie meistens einfach her und reiben sich an einem, meistens so lange, bis sie das Gewünschte bekommen. Katzen wissen genau, was sie wollen und was nicht, und sie machen das ganz offen deutlich. Gleichzeitig gehen sie ihren ganz eigenen Weg.[83]

Trotz allem: Mut

Viele Menschen lieben den Erfolg. Und wenn wir unseren ganzen Mut zusammennehmen und etwas wagen, dann wünschen und hoffen wir auf Gelingen und Erfolg. Dieses Anliegen ist ganz natürlich. Da mag es provozieren oder sogar empören, wenn C. G. Jung auf die mögliche Schattenseite des Erfolgs hinweist.[84] Er betont, dass wir aus unseren Erfolgen wenig lernen, weil wir durch sie hauptsächlich in unseren Irrtümern bestätigt werden. Für die meisten Erfolgsgeschichten gilt das eher nicht, aber sein Hinweis ist bedenkenswert. Misserfolge können nämlich kostbar werden, sobald sie unsere Überzeugungen in Frage stellen oder uns zwingen, liebgewonnene Gewohnheiten aufzugeben. Solche Misserfolge – davon ist Jung überzeugt – fordern uns heraus, bringen uns vorwärts und Bewegung in unser Leben. Häufig kommen wir durch sie zunächst in unangenehme und sogar existentiell bedrohliche Situationen. Gefragt sind dann unsere Kraft, unser Potential und nicht selten auch unsere Kreativität. So lange nämlich alles glatt, reibungslos und erfolgreich verläuft, wissen wir nicht wirklich, was wir durchstehen können und welche Ressourcen wir in Notsituationen zur Verfügung haben. Mit anderen Worten: Ob wir an Misserfolgen zerbrechen, sie gut durchstehen oder sogar an ihnen wachsen und reifen, das ist die Frage. Ist es möglich, nicht zu verzweifeln, wenn wir scheitern, sondern eine mutige Haltung zu bewahren?

Wie gefährlich ist ein Scheitern?

Jonas besteht sein Abitur. Nun will er unbedingt Schauspieler werden. Seine alleinerziehende Mutter seufzt, als sie von seinem Wunsch erfährt. Sie hat sehr schwere Zeiten durchlebt, es war für sie nicht einfach gewesen, sich und ihren Sohn allein durchzubringen. Sie wünscht sich nichts mehr als eine gesicherte und geordnete Zukunft für ihn – etwas, das sie selbst immer vermisst hatte. Doch wie will er mit der Schauspielerei überleben? Sie kann es sich beim besten Willen nicht vorstellen, und das belastet sie sehr. Als sie aber seine Ernsthaftigkeit erkennt, willigt sie schweren Herzens ein.

Und Jonas spürt deutlich: Er darf auch versagen. Seine Mutter signalisiert, dass ihre Beziehung nicht an Erfolg oder Scheitern geknüpft ist. Der gemeinsame Erfolgswunsch wird nicht zum Erfolgsdruck. Und das bereitet den Boden, ja sogar einen Nährboden für Mut. Warum?

Die Sprachwurzel von »scheitern« macht das bildhaft deutlich. Scheitern bedeutet »Schiffbruch erleiden« und »ein Fahrzeug geht in Trümmer«.[85] Beim Scheitern wird also ein Gefäß zerstört. Ganz allgemein dienen Gefäße dazu, etwas aufzubewahren. In eine Tasse können wir Kaffee einschenken und eine Vorratsdose können wir mit Mehl auffüllen. Tasse und Dose halten den jeweiligen Inhalt zusammen. Sobald die beiden zu Bruch gehen, ist der Inhalt nicht mehr geschützt und geborgen und dem Verderben oder Chaos ausgesetzt. Gefäße bieten Fassung und Schutz, manchmal auch Wärme – all das sind mütterliche Qualitäten.[86] Gehen Sie einmal auf die Suche nach all den »Gefäßen«, die Ihnen tagtäglich zur Verfügung stehen und Halt, Geborgenheit und Schutz bieten. Vielleicht denken Sie an Ihre Wohnung, die Sie beherbergt, oder an Ihren Körper, der Ihre Seele in sich birgt. Vielleicht kommen Ihnen auch Ihre Beziehungen in den Sinn, Ihre Firma, eine Partei oder ein Verein, in denen Sie sich gut aufgehoben fühlen. Auch Glaube, Weltanschauung und Werte sind Gefäße, die uns tragen und beheimaten.

Niemand lebt ohne Gefäße. Aber diese Gefäße können zerbrechen. Das Brechen der Gefäße ist ein wesentlicher Vorgang in überlieferten Schöpfungsmythen. Isaak Luria, ein jüdischer Kabbalist, beschreibt die Erschaffung der Welt als »Bruch der Gefäße«. Das ausströmende göttliche Licht, das unsere Welt erschaffen hat, konnte von den vorhandenen Schalen nicht gefasst werden. Die Schalen waren so schwach, dass sie auseinanderbrachen, und die entstehenden Scherben sollen die bösen Kräfte auf die Erde gebracht haben. Auch unser individuelles Leben beginnt mit einem Bruch. Die Fruchtblase, die uns im Mutterleib umgibt und schützt, muss aufbrechen, damit wir geboren werden können. Wir müssen den anfänglichen Geborgenheitsraum verlassen, uns abnabeln und trennen.

Wenn unsere Gefäße also zerbrechen, erleiden wir im übertragenen Sinn Schiffbruch – und scheitern. Beim Scheitern fallen wir aus einer Geborgenheit heraus, fallen mehr oder weniger tief, gelegentlich auch ins kalte Wasser, und manchmal stehen wir anschließend vor einem Scherben- oder Trümmerhaufen. Was bleibt dann? Falls Jonas' schauspielerische Ambitionen scheitern sollten, platzt sein Traum wie eine Seifenblase – doch das Beziehungsgefäß mit seiner Mutter wird heil bleiben. Wenn er also scheitern sollte, beschränkt sich das nur auf seine berufliche Laufbahn. Und diese Gewissheit erleichtert den Schritt in eine ungewisse künstlerische Zukunft.

Manchmal aber brechen Gefäße kaskadenartig. Wie beim Dominoeffekt löst ein Scheitern das nächste aus. Da geht der gutbezahlte Job verloren, darüber zerbricht in Folge die Beziehung und die Eigentumswohnung ist auch nicht mehr zu halten, sondern muss verkauft werden. Bildlich gesprochen leben wir in der obersten von übereinander geschichteten Schalen. Was passiert, wenn die oberste bricht? Wird die darunterstehende halten und uns auffangen oder bersten? Also wohin fallen wir, wenn wir scheitern? Was trägt uns in letzter Konsequenz? Haben Sie das schon einmal erlebt oder sich vorgestellt? Manchmal bereitet uns ein Traum auf eine solche Situation vor und deutet Antworten an. So träumte Theresa zwei Jahre vor ihrer geplanten Berentung:

»Ein fremder Mann sitzt vor mir, er erinnert mich an meinen Chef. Er ist ein Zauberer und legt mit Holzstäben ein geometrisches Gebilde. Es ist mit roten Schnüren verbunden. Der Zauberer zieht an den roten Fäden, und das lässt mich fallen. Ich habe furchtbare Angst, falle und falle, irgendwann in übernatürliche, sehr große Hände, es waren keine Menschenhände.« Ein einflussreicher, mächtiger Mann wird im Traum vorgestellt. Als »Strippenzieher« kann er Schicksalsfäden bewegen und Menschen im wahrsten Sinne des Wortes fallen lassen. Wenn sich dieses Bild auf den Arbeitgeber bezieht, könnte eine Versetzung oder Kündigung gemeint sein. Theresa schüttelt über diese Idee den Kopf. Seit mehr als zwanzig Jahren wird sie immer wieder für ihren vorbildlichen Einsatz und ihre Leistungen gelobt. Nie würde ihr Chef auf die Idee kommen, ihr so kurz vor der Berentung zu kündigen.

Aber das Unvorstellbare geschieht: Theresa wird tatsächlich wenig später Opfer einer Umstrukturierungsmaßnahme und entlassen. Für sie bricht eine Welt zusammen. Sie erlebt sich im freien Fall in den bodenlosen Abgrund, ist verzweifelt und fühlt sich ausgestoßen wie eine Aussätzige. Wem soll man noch glauben? Wem kann man überhaupt noch vertrauen, wenn alle Stricke reißen? Wie mit dieser Undankbarkeit umgehen? Doch neben der äußeren Katastrophe verweist der Traum auch auf etwas Tragendes. Etwas Nichtmenschliches wird zum Halt. Das erinnert an Margot Käßmann, ehemalige Ratsvorsitzende der Evangelischen Kirche in Deutschland, die nach einer Autofahrt unter Alkoholeinfluss von ihren Ämtern zurücktrat und betonte, dass sie in diesen schweren Stunden nicht tiefer fallen kann als in Gottes Hände. Glaube und Spiritualität oder tiefe Gewissheiten können Halt geben, wenn bisherige Lebenskonzepte zusammenbrechen. Daraus kann der Mut zu einem Neuanfang wachsen.

Vom Mut, ein Dilettant zu sein

Erich Kästner fordert seine Leser auf: »Seid glücklich, so sehr ihr könnt!«[87] Und er plädiert auch dafür, so viel Freude und Erfolg wie nur irgend möglich zu genießen. Die Sonnenseite des Lebens zu suchen und zuzulassen war ihm wichtig. Aber er weist auch auf unsere unvermeidlichen Misserfolge hin, die zu ertragen sind, und betont: »Lernt es, dem Missgeschick fest ins Auge zu blicken. Erschreckt nicht, wenn etwas schiefgeht. Macht nicht schlapp, wenn ihr Pech habt. Haltet die Ohren steif! Hornhaut müsst ihr kriegen! Ihr sollt hart im Nehmen werden, wie die Boxer das nennen. Ihr sollt lernen, Schläge einzustecken und zu verdauen.«

Erich Kästner weiß, dass wir im Scheitern stark werden können, wenn es uns gelingt, mutig zu bleiben und aus den Missgeschicken zu lernen. Das wird möglich, wenn wir immer wieder offen bleiben für anderes, Überraschendes und Veränderung. Im Leben haben dann neben Beständigkeit und Ordnung auch Vorläufiges und Unsicherheit einen Platz, ohne ausschließlich bedrohlich zu sein. Diese Haltung – darauf weist Friedrich Zimmer[88] hin – besitzt der Dilettant. Wir benutzen diesen Begriff üblicherweise, um einen Menschen oder eine Sache abzuwerten. Aber im ursprünglichen Sinn des Wortes – ital. *dilettante* und *dilettare* bedeutet »sich ergötzen« – geht es bei Dilettanten um Menschen, die an etwas große Freude haben. Es bereitet ihnen Vergnügen, sich mit Menschen oder einer Sache intensiv und sehr ernsthaft zu beschäftigen. Allerdings sind sie sich ihrer Sache nie allzu sicher und wissen um ihre grundsätzliche Fehlbarkeit. Dogmen oder träge Selbstzufriedenheit sind ihnen zuwider, stattdessen sind sie offen für

Erneuerung und Wandel. Eine Kultur der »Null-Fehler-Toleranz«, die verängstigt und entmutigt, hat hier keinen Platz.

Doch wenn wir aus unseren Misserfolgen lernen wollen, brauchen wir den Mut, genau hinzuschauen. Wir sollten versuchen, die Umstände unseres Scheiterns zu klären. Haben wir uns eventuell zu wenig bemüht? Waren wir nachlässig? Vielleicht auch zu faul oder ungeschickt? Dann sind wir nicht zwangsläufig einem unabänderlichen Schicksal ausgeliefert, sondern können mit Anstrengung und mutigen Entscheidungen wieder vorankommen. Hier sind wir aufgefordert, aktiv zu werden. Manchmal liegen die Hintergründe unseres Scheiterns jedoch außerhalb unseres Einflussbereiches und wir können diese nicht verändern, sondern müssen sie geduldig ertragen.[89] Hier ist nicht der aktive Kampf gegen die Umstände gefragt; er wäre sinnlos und eine Vergeudung von Ressourcen. Vor dem Hintergrund solcher schicksalhafter äußerer Faktoren können wir unsere persönlichen, wenn auch vielleicht geringen Spielräume nutzen und gleichzeitig das Unabänderliche aushalten.

In diesem Sinn ist das berühmte Gelassenheitsgebet zu verstehen, das vermutlich der US-amerikanische Theologe Reinhold Niebuhr (1892–1971) im Kriegsjahr 1943 formuliert hat: »Gott gebe mir die Gelassenheit, Dinge hinzunehmen, die ich nicht ändern kann, den Mut, die Dinge zu ändern, die ich ändern kann, und die Weisheit das eine vom anderen zu unterscheiden.«

Anhang

Anmerkungen

1 Vgl. Kästner (1995), S. 173.
2 Vgl. Jung, GW 6, §§ 556ff. (Denken und Fühlen), sowie Franz (1980). Aufbauend auf Jungs Typologie wurde der Myers-Briggs-Test (MBTI) entwickelt. Mit ihm können Sie Ihren persönlichen Typ bestimmen sowie Ihren Einstellungstypus, das heißt, ob Sie eher zu Extraversion oder zu Introversion neigen.
3 In der zweiten Lebenshälfte kommen wir häufig an einen Punkt, wo wir unsere Einseitigkeit nicht mehr als vorteilhaft, sondern eintönig oder schal erleben. Wenn wir Geduld aufbringen und uns nicht entmutigen lassen, kann es mit den Jahren gelingen, die jeweils anderen Funktionen besser zu entwickeln. Wir erleben die Welt dadurch komplexer und bunter – manchmal aber auch anstrengender.
4 Zur Unterscheidung von starker und schwacher Entscheidung vgl. Ferrari/Rühl (2009).
5 Alle Namen in den Fallbeispielen sind fiktiv, und die personenspezifischen Daten wurden zwecks Anonymisierung überall verändert. Manche Beispiele wurden auch aus Situationen und Erlebnissen, die es in der Realität so nicht gegeben hat, aber die hätten passieren können, frei zusammengestellt.
6 Vgl. Hüther (2006), S. 9, 11 und 34.
7 C. G. Jung bezeichnet die Verwirklichung der je eigenen Bestimmtheit und Bestimmung als Individuationsprozess, vgl. beispielsweise GW 9/I, § 489ff.
8 Vgl. ders., GW 13, § 458ff.
9 Vgl. Verena Kast (2007), S. 44.
10 Vgl. Jung, GW 16, § 463ff.
11 Dieses jahrtausendealte chinesische Buch genießt den Ruf, zur bedeutendsten Weisheitsliteratur der Welt zu gehören. Näheres dazu siehe S. 144f.
12 Vgl. Museum Rietberg (1999), S. 9.
13 Vgl. Franz (1988), S. 46.

14 In der tibetischen Tradition wird die Bezeichnung Orakel für den Geist einer Gottheit verwendet, der in ein Medium (Mann oder Frau) wie in ein »Gefäß« einfährt und durch dessen Mund Aussagen macht. Aus diesem Grund werden die Orakelpriester als »physische Basis für eine Gottheit« (»Kuten«) bezeichnet. Das bekannteste tibetische Orakel ist das Nechung-Staatsorakel, das die höchste Stellung einnimmt. Es steht bei regelmäßig begangenen Orakelfeiertagen sowie auf Anfrage dem Dalai Lama und seinem Kabinett zur Verfügung. Durch das Nechung-Medium spricht Dorje Drakden, die Hauptschutzgottheit des Dalai Lama, seines Kabinetts sowie des Buddha Dharma, der Lehre des Buddha. In seinem Alltagsleben ist das Medium Vorsteher des Klosters Nechung und hat eine Vielzahl spiritueller aber auch profaner Verpflichtungen (vgl. Museum Rietberg [1999], S. 112).

15 Vgl. Dalai Lama (1998), S. 262ff.

16 Illies (2010).

17 Umgekehrt können allerdings auch die Herzlosen waghalsig ihre Interessen durchsetzen. Doch wen nichts hindern oder bremsen kann, der ist nicht mutig, sondern bloß rücksichtslos.

18 Vgl. Solms/Turnbull (2004), S. 120ff.

19 Vgl. Hüther/Pilz (2010).

20 So erinnert sich Henry Kissinger (2010).

21 Wenn wir uns schlecht fühlen, neigen wir unwillkürlich dazu, Gründe und Zusammenhänge zu suchen. Unsere Erklärungen basieren dabei auf unseren Erfahrungen sowie auf unserem Welt- und Menschenbild, weshalb sie nie Anspruch auf objektive Gültigkeit erheben können. Unser subjektives Wohlbefinden zeigt aber, ob wir für uns selbst auf der »richtigen« Fährte sind. Wenn Hildegard sich also in einer anderen Abteilung körperlich erholt und seelisch aufblüht, waren ihr schlechtes Gefühl und ihre Schlussfolgerung »Ich muss hier weg« subjektiv richtig. Ob die eigene Erklärung des Konkurrenzdrucks intersubjektiv zutreffend war, muss gar nicht geklärt werden.

22 Vgl. Vonessen (1994). Laut Vonessen pflegt der Mensch die herrschenden Überzeugungen seiner Zeit plausibel zu finden, und das Plausible hält er für wahr. Doch das Leben gründet auf Wahrheiten, die unwahrscheinlich, unglaublich, also paradox sind.

23 Vgl. Solms/Turnbull (2004), S. 126ff.

24 Die entscheidende Entdeckung dieser Zusammenhänge geht auf die 50er-Jahre des zwanzigsten Jahrhunderts zurück. In Tierversuchen fand man heraus, dass Tiere zu extrem harter Arbeit bereit sind, wenn

sie durch Selbststimulierung von Elektroden in den zuständigen Gehirnarealen (den sogenannten Septumkernen) diese Endorphinausschüttung anregen können. Alle anderen Aktivitäten werden zugunsten dieser Selbststimulierung zurückgestellt. Die Parallele zur Sucht ist unübersehbar. Sollte unser Such-System permanent untererregt sein, geht das mit einem geringen oder fehlenden Interesse an der Umwelt einher.

25 Vgl. Gen 19,26.

26 1835 wurde in Frankreich der Begriff *courage civil* geprägt. Als Ergänzung zum soldatischen Mut, der im Krieg das Vaterland verteidigen hilft, braucht es den staatsbürgerlichen Mut, um innerhalb der Gesellschaft für Werte und förderliche Entwicklungen zu kämpfen.

27 Martin (2010). Das Risiko, bei einer beobachteten Gewalt- oder Straftat selbst Opfer zu werden, können wir verringern, indem wir sofort Öffentlichkeit herstellen, also versuchen, Passanten persönlich anzusprechen, und schnell die Polizei rufen. Menschen in Bedrängnis sollten wenn möglich auf sich aufmerksam machen, denn Täter rechnen häufig mit der Scham der Opfer und lassen von ihrem Opfer ab, wenn es Hilfe herbeiruft, also aktiv wird, anstatt ohnmächtig zu reagieren.

28 Vgl. Keller (2010).

29 Durch diesen Titel macht die Jury das Mädchen natürlich doch wieder zur Frau. Das steht in Einklang mit der Tendenz der westlichen Welt, immer jüngere Mädchen als verführerische, scheinbar erwachsene Models zu präsentieren.

30 Vgl. Sam 17,45.

31 Sarrazin (2010).

32 Vgl. Stephan (2010).

33 Heisig (2010).

34 *Dass ich sein kann, wie ich bin,* lautet der Titel einer Biografie von Hilde Domin, in der ihr langes Ringen um das Recht auf die eigene Identität und Kreativität nachvollziehbar wird (Tauschwitz [2009]).

35 Vgl. Daniel (2000), S. 81.

36 Kegel (2009), S. 234.

37 Wortberg, Christoph (2006).

38 Etymologisch hat »Zorn« mit »zerreißen«, »Riss«, »Spaltung« zu tun, vgl. Grimm/Grimm (1984), S. 91. Für die frühgermanischen sprachlichen Vorfahren von »Mut« ist wiederholt die Bedeutung von Zorn erwiesen. Siehe dazu: Wandruszka (1981), S. 106.

39 Das Ich umfasst unsere bewusste Identität, unser Selbst(wert)gefühl und unser bewusstes Selbstbild. Vgl. Jung: GW 9/II, § 1.
40 Jung ist im Rahmen seiner Assoziationsexperimente auf die gefühlsbetonten Komplexe aufmerksam geworden. In Strafprozessen hat das Wissen um die erheblich einschränkende oder sogar aufhebende Wirkung von Affekten auf den freien Willen des Ich bis heute Relevanz. Wenn Straftaten sich im Affekt ereignen, wird geprüft, ob die Schuldfähigkeit des Täters eingeschränkt oder aufgehoben ist.
41 Wir haben aber auch einen innerseelischen Richter, eine innere Stimme, die uns mehr oder weniger laut sagt, was richtig oder falsch ist.
42 Vgl. Grimm/Grimm (1984), S. 2474 (Stichwort »Wut«).
43 Vgl. Schreiber (2010).
44 Vgl. Lueg (2010).
45 Das Projekt wird durch die Jugendkunstschule ergänzt: Wo die Jugendlichen mit Worten nicht zurechtkommen, können sie durch Malen oder andere kreative Techniken seelisches Erleben ausdrücken und zu fassen versuchen.
46 Vgl. Werner (2000), S. 61.
47 Vgl. Jung, GW 12, § 208.
48 Die Situation ist paradox: Zorn kann Ausdruck von Ich-Schwäche sein, aber auch die Souveränität eines mächtigen Menschen bezeugen, der risikolos seinen vernichtenden Zorn an anderen ausleben darf.
49 Vgl. Hiob 32,2f.: In den deutschen Übersetzungen steht hier anstatt »Nase« nur noch »Zorn«.
50 Vgl. Gasser/Schnur/Bock (2010).
51 Vgl. Jaffé (1983), S. 125 f., und Améry (2004).
52 Vgl. Baur (2008), S. 9.
53 Vgl. Kästner (1995), S. 19.
54 Vgl. Vonessen (1994), S. 65.
55 Platon wusste, dass es ohne Furcht keinen Mut geben kann. Für ihn war entscheidend, ob Mut und Furcht im rechten Gleichgewicht stehen. Man müsse lernen, so furchtlos wie möglich und zugleich so furchtsam wie möglich zu werden. Mutige Menschen können laut Platon unterscheiden, was der Furcht wert ist und was nicht. Zu fürchten sei alles, was der unsterblichen Seele schade (vgl. ebd., S. 81).
56 Die Gerechtigkeit verkörpert die Justitia: Die Krone ist Sinnbild ihrer Weisheit. Das Schwert symbolisiert ihren Mut und ihre Tapferkeit, mit denen sie sich den Versuchen der Mächtigen, das Recht zu

beugen, widersetzt. Und schließlich weist die Waage auf die Kunst des Abwägens und Maßhaltens bei der Urteilsfindung hin. Ohne Austarieren der Gewichte ist Gerechtigkeit nicht möglich (vgl. ebd., S. 85).

57 Vgl. Kegel (2009), S. 229–246 .

58 Vgl. ebd., S. 232ff.

59 Vgl. DPA (2010).

60 Vgl. Latusseck (2006).

61 Im Schlichtungsverfahren um Stuttgart 21 war es nicht zuletzt der Humor Heiner Geißlers, der den Befürwortern und Gegnern des geplanten neuen Bahnhofs eine konstruktive Auseinandersetzung ermöglichte.

62 Vgl. Wandruszka (1981), S. 115.

63 Vgl. Bierach/Greive (2009).

64 Frauen machen nicht nur weniger Karriere, weil sie weniger rivalisieren, sondern weil sie häufig durch Doppel- und Dreifachbelastung, aber auch durch die Seilschaften von Männern daran gehindert werden. Erlaubt ist auch die Frage, ob Karriere das Erstrebenswerteste sein muss – für Männer und für Frauen.

65 D. bringt diese Vermeidungshaltung mit den Worten auf den Punkt: »Männer erklettern in der Regel lieber einen Achttausender im Himalaya, als sich einer Darmspiegelung zu unterziehen.« D. ist einer von »1000 Mutigen Männern für Mönchengladbach«, der sich vorbeugend einer Darmspiegelung unterzogen hat. Seine Erfahrungen hat er auf www.mutige-maenner.de geschildert. D. und andere engagieren sich in einer Kampagne der Krebsgesellschaft Nordrhein-Westfalen und der Barmer-GEK, um männliche Präventionsmuffel zur Früherkennung zu motivieren. Vgl. Rieser, Sabine (2010): Randnotiz. In: Deutsches Ärzteblatt, Jahrgang 107, Heft 47, 26.11.10, S. 1963.

66 Berben/Maibaum (2009).

67 Ariès (1976).

68 Vgl. Vonessen (1994), S. 81.

69 Schmitt (2003).

70 Die Silbe »ang« kommt auch in den Begriffen *Angina pectoris* und *Angina tonsillaris* vor. Bei beiden Erkrankungen kommt es zu körperliche Verengungen – in den Herzkranzgefäßen bzw. im Hals – und ein Angina-pectoris-Anfall ist fast immer mit Angst verbunden.

71 Gontscharow (2010).

72 Kertész (2003).

73 Bernhard (2007).

74 Bauby (2005).
75 Vgl. C.G. Jungs Typologie, in der er die Einstellungen Introversion und Extraversion beschreibt, in: GW 6, §§ 620ff. (Introversion); §§ 562ff. (Extraversion).
76 Leserbrief. In: Südkurier, 12.4.2010.
77 Es kam nach seinem Tod aber auch zu einem Anstieg der Eisenbahnsuizide. Das zeigt, dass eine Vorbildfunktion sich nicht danach richtet, ob wir die Wirkung begrüßen oder nicht. Vorbildsein ist nicht an Moral gebunden.
78 Wer sich einlesen möchte: Wilhelm (1990); Anthony (1998); Anthony/Moog (2004).
79 Wer das I Ging befragen möchte, formuliert zuerst seine Frage. Wichtig ist, immer nach den Auswirkungen und Folgen eines bestimmten Handelns zu fragen oder der Bedeutung einer Situation. Auf Fragen, die lediglich mit Ja oder Nein beantworten werden können, erhält man in der Regel vom I Ging nur unbestimmte Antworten. Sobald man eine Frage formuliert hat, wird das Orakel geworfen. Die älteste Wurftechnik mit fünfzig Schafgarbenstängeln wird heute nur noch selten verwendet; stattdessen werden meistens drei Münzen von gleicher Größe geworfen. Unter Konzentration auf die Frage werden die Münzen in die hohle Hand genommen, geschüttelt und dann fallen gelassen. Aus der jeweiligen Kombination von Kopf und Zahl der liegenden Münzen ergibt sich dann eine Linie. Dieses Werfen wird sechsmal wiederholt, bis das Hexagramm mit den sechs Linien vollständig ist (vgl. die genaue Anweisung bei Wilhelm [1990], S. 338).
80 Vgl. Renz (2010).
81 Sabrina Ebitsch beschreibt die Helferinnentätigkeit und Vorbildfunktion der Doula in ihrem Artikel »Bis zum schönen Ende« (Ebritsch [2010]).
82 Die Berufsbezeichnung »Doula« ist in Deutschland nicht geschützt. Berufsbegleitende Ausbildungen dauern in der Regel anderthalb Jahre. Neben Entspannungsmethoden und Maßnahmen zur Schmerzerleichterung werden medizinisches Wissen und Kommunikationsfähigkeiten vermittelt.
83 Katzen brauchen ein gewisses Maß an Unabhängigkeit und Freiheit. Wenn Frauen diese Fähigkeiten fehlen, haben sie oft Katzenträume, vgl. dazu Franz (2008).
84 Vgl. Jung, GW 16, § 73.

85 Vgl. Kluge (1975), S. 8641. Zum Begriff »scheitern« gehörten auch »scheiden« und »spalten«.
86 Die meisten Schiffe haben einen weiblichen Namen, was den mütterlichen Gefäßcharakter aufgreift.
87 Vgl. Kästner (1995), S. 18.
88 Vgl. Zimmer (1961), S. 10.
89 Im I Ging werden diese beiden Haltungen in den Zeichen Nr. 18 »Die Arbeit am Verdorbenen« und Nr. 12 »Die Stockung« differenziert und erläutert.

Literatur

Améry, Jean (2004): Hand an sich legen. 12. Aufl. Klett-Cotta, Stuttgart.

Anthony, Carol K. (1998): Handbuch zum klassischen I Ging. Diedrichs, Köln.

Anthony, Carol K. / Hanna Moog (2004): I Ging, das kosmische Orakel. Atmosphären, München.

Ariès, Philippe (1976): Studien zur Geschichte des Todes im Abendland. Hanser, München.

Bauby, Jean-Dominique (2005): Schmetterling und Taucherglocke. 8. Aufl. dtv, München.

Baur, Martin (2008): Kopf im Schlangenmaul. In: Südkurier, 7.10.2008, S. 9.

Berben, Iris / Nicole Maibaum (2009): Frauen bewegen die Welt. Droemer, München.

Bernhard, Felix (2007): Dem eigenen Leben auf der Spur. Als Pilger auf dem Jakobsweg. Scherz, Frankfurt am Main.

Bierach, Barbara / Martin Greive (2009): Macht Mädchen mehr Mut! In: Welt am Sonntag, 23.8.2009, S. 23.

Dalai Lama (1998): Das Buch der Freiheit. Die Autobiographie des Friedensnobelpreisträgers. Lübbe, Köln.

Daniel, Renate (2000): Krebs – Körper und Symbol. Archetypische Aspekte einer Krankheit. IKM Guggenbühl, Zürich.

DPA (2010): Sachen gibt's. In: Südkurier, 4.12.2010, S. 12.

Ebitsch, Sabrina (2010): Bis zum schönen Ende. In: DIE ZEIT, 6.8.2010, S. 60.

Ferrari, Elisabeth / Johanna Rühl (2009): FührungsKraft entwickeln. Der Kern des Führungswissens nach SySt. Ferrari Media, Aachen.

Franz, Marie-Louise von (1980): Zur Typologie C. G. Jungs. Bonz, Fellbach.

Franz, Marie-Louise von (1988): Psyche und Materie. Daimon, Einsiedeln.

Franz, Marie-Louise von (2008): Die Katze. Ein Märchen über die Erlösung des Weiblichen. Verlag Stiftung für Jung'sche Psychologie, Küsnacht.

Gasser, Carmen / Christian Schnur / Henning Bock (2010): Angestellt, nein danke. In: Die Weltwoche 39, 30.9.2010, S. 42f.

Gontscharow, Iwan (2010): Oblomow. Anaconda, Köln.

Grimm, Jacob und Wilhelm (1984): Deutsches Wörterbuch. Band 32. Nachdruck. dtv, München.

Heisig, Kirsten (2010): Das Ende der Geduld. Konsequent gegen jugendliche Gewalttäter, 2. Aufl. Herder, Freiburg im Breisgau.

Hüther, Gerald (2006): Die Macht der inneren Bilder. 3. Aufl. Vandenhoeck & Ruprecht, Göttingen.

Hüther, Gerald / Jürgen Pilz (2010): Der Mensch ist mehr! Grenzen einer neurobiologisch orientierten Sicht auf Sucht. In: Sucht aktuell 17.2, S. 5–7.

Illies, Florian (2010): Zeige deine Wunde. In: DIE ZEIT 25, 26.8.10, S. 43.

Jaffé, Aniela (1983): Der Mythus vom Sinn im Werk von C.G. Jung. 3. Aufl. Daimon, Zürich.

Jung, Carl Gustav (1971ff.): Gesammelte Werke (GW). 20 Bde. Hg. von Lilly Jung-Merker / Elisabeth Rüf / Leonie Zander et al. Walter, Olten/Düsseldorf.

Kästner, Erich (1995): Das fliegende Klassenzimmer. Dressler, Hamburg.

Kast, Verena (2007): Die Tiefenpsychologie nach C.G. Jung. Kreuz, Stuttgart.

Kegel, Bernhard (2009): Epigenetik. Wie Erfahrungen vererbt werden. 2. Aufl. Dumont, Köln.

Keller, Gabriele M. (2010): Eine Revolte der Mädchen. In: Welt am Sonntag, 14. März 2010, S. 10.

Kertész, Imre (2003): Roman eines Schicksallosen. 10. Aufl. Rowohlt, Reinbek bei Hamburg.

Kissinger, Henry (2010): Porträts einer Lady. In: Welt am Sonntag, 24.10.2010, S. 16.

Kluge, Friedrich (1975): Etymologisches Wörterbuch. 21. Aufl. De Gruyter, Berlin, S. 8641.

Latusseck, Rolf H. (2006): Die Notstromversorgung versagte, aber nicht der Mensch. In: Weltonline, 6.08. 2006. www.welt.de/printwams/article145793/Die_Notstromversorgung_versagte_aber_nicht_der_Mensch.html (Zugriff:25.6.2011).

Lueg, Andreas (2010): Lesen statt Arrest. »Dresdener Bücherkanon« gegen Jugendstraftaten. In: 3sat/Kulturzeit, 9.11.2010. www.3sat.de/kulturzeit/themen/149420/index.html (Zugriff: 24.6.2011).

Martin, Uthe (2010): Courage mit Köpfchen. In: Südkurier, 19. März 2010, S. 21.

Museum Rietberg (Hg.) (1999): Orakel. Der Blick in die Zukunft. Katalog zur Sonderausstellung zur Jahrtausendwende.

Renz, G. (2010): Kind oder Karriere? In: Südkurier, 12.4.2010, S. 12.

Sarrazin, Thilo (2010): Deutschland schafft sich ab. Wie wir unser Land aufs Spiel setzen. DVA, München.

Schmitt, Eric-Emmanuel (2003): Oskar und die Dame in Rosa. 3. Aufl. Amman, Zürich.

Schreiber, Peter (2010): Die Karate-Omas von Nairobi. Fernsehbericht. ARD-Weltspiegel, 7. März 2010.

Solms, Mark / Oliver Turnbull (2004): Das Gehirn und die innere Welt. Walter, Düsseldorf.

Stephan, Cora (2010): Unsere verlogene Elite. In: Welt am Sonntag, 5.9.2010, S. 12.

Tauschwitz, Marion (2009): Dass ich sein kann, wie ich bin. Hilde Domin – Die Biografie. Palmyra, Heidelberg.

Vonessen, Franz (1994): Das Unglaubliche der Wahrheit. Leib und Seele im Zerrspiegel des Zeitgeistes. Die Graue Edition, Zug.

Wandruszka, Mario (1981): Angst und Mut. Klett-Cotta, Stuttgart.

Werner, Jürgen (2000): Die sieben Todsünden. DVA, Stuttgart.

Wilhelm, Richard (1990): I Ging. Das Buch der Wandlungen. Diedrichs, Köln

Wortberg, Chistoph (2006): Die Farbe der Angst. Thienemann, Stuttgart.

Zimmer, Heinrich (1961): Abenteuer und Fahrten der Seele. Mythen, Märchen und Sagen aus keltischen und östlichen Kulturbereichen. Darstellung und Deutung. Rascher, Zürich.